바로
도움이 되는
동시통역
일본어
회화

동시통역 일본어 회화

개정판4쇄 2024년 9월 20일

발행인 이기선

발행처 제이플러스

주소 경기도 고양시 덕양구 향동로 217 KA1312

영업부 02-332-8320 **편집부** 02-3142-2520

홈페이지 www.jplus114.com

등록번호 제 10-1680호

등록일자 1998년 12월 9일

ISBN 979-11-5601-226-9

머리말

이 책은 출장이나 여행 등으로 일본에 가게 됐을 때, 꼭 필요한 회화를 상황별로 찾아보기 쉽게 만든 여행용 회화책입니다. 평소 일본어를 공부하여 어느 정도 안다고 하더라도 막상 일본에 가서 여러 상황에 부딪히다 보면 평소 실력을 제대로 발휘 못하고 무뚝뚝한 사람이 되어버릴 수도 있으니까요.

효과적으로 이 책을 활용하시는 방법으로는 어떤 내용들이 들어있는지 미리 한번 훑어보기를 권해 드립니다. 그리고 자신에게 꼭 필요하겠다고 생각되는 부분은 표시를 해 두는 것도 좋겠지요.

발음 표기는 최대한 실제 발음과 비슷하게 하기 위하여 우리말로 표기한 것이므로, 간혹 글자의 원래 발음과 다소 다르게 표기된 것도 있습니다. 일본어 발음요령은 글자 한 글자 한 글자의 음값을 충분히 살려서 또박또박 발음하되, 촉음(っ)이나 ん발음, 장음 등을 약간 긴 느낌으로 발음하는 것입니다.

이 책의 특징은 우리말 뜻을 먼저 제시하고, 일본어와 발음을 달아 한결 찾아보기 쉽게 구성한 것과, 간단하지만 일본에 가게 되었을 때 꼭 필요한 여행 정보와 장면별 회화를 같이 묶어 실전 응용력을 높이도록 한 것입니다. 또 부록의 "한일미니사전"이나 "급할 때 찾아 쓰는 유용한 한마디" "급할 때 찾아쓰는 비즈니스 한마디"도 많이 활용하시기 바랍니다.

끝으로 이 책이 필요할 때 꼭 도움이 되는 회화책이 되기를 바라며, 달라지는 일본 사정, 정보 등은 앞으로도 수정 보완해 나갈 것을 약속드립니다.

편집부

차례

서바이벌

기내

일본공항

교통

호텔

식사

쇼핑

관광

전화 · 우체국

트러블

귀국

차례

생생미니여행정보

필수 어휘

부록

바로
도움이 되는
동시통역
일본어
회화

오십음도

ひらがな 히라가나

あ 아	い 이	う 우	え 에	お 오
か 카	き 키	く 쿠	け 케	こ 코
さ 사	し 시	す 스	せ 세	そ 소
た 타	ち 치	つ 츠	て 테	と 토
な 나	に 니	ぬ 누	ね 네	の 노
は 하	ひ 히	ふ 후	へ 헤	ほ 호
ま 마	み 미	む 무	め 메	も 모
や 야		ゆ 유		よ 요
ら 라	り 리	る 루	れ 레	ろ 로
わ 와		ん 응		を 오

カタカナ 가타카나

ア 아	イ 이	ウ 우	エ 에	オ 오
カ 카	キ 키	ク 쿠	ケ 케	コ 코
サ 사	シ 시	ス 스	セ 세	ソ 소
タ 타	チ 치	ツ 츠	テ 테	ト 토
ナ 나	ニ 니	ヌ 누	ネ 네	ノ 노
ハ 하	ヒ 히	フ 후	ヘ 헤	ホ 호
マ 마	ミ 미	ム 무	メ 메	モ 모
ヤ 야		ユ 유		ヨ 요
ラ 라	リ 리	ル 루	レ 레	ロ 로
ワ 와		ン 응		ヲ 오

이건 알고 갑시다!

일본에서 가장 많이 쓰는 말

すみません
여보세요!

사람을 부를 때, 아가씨, 아저씨! 하고 부르면 실례! (돌아보지 않을지도…) 식당이나 호텔이나 길거리에서나 모르는 사람을 부를 때 가장 편리하게 쓸 수 있는 말이다.

ありがとう
고마워요!

가볍게 고맙다고 할 때 쓰는 말. 이것보다 더 정중한 표현은 '아리가또 고자이마스'.

どうも
고마워요!

우리말의 '아, 예(고맙습니다)' 정도의 느낌. 모르는 사람에게 써도 실례가 되지 않는다. 주로 상대방이 '도-조'하고 뭔가를 권할 때 응답표현으로 자주 쓴다.

おねがいします

부탁합니다!

갑자기 긴 문장이 생각나지 않을 때 요긴하게 쓸 수 있는 표현이다. '~해 주세요'라고 말하고 싶을 때, 앞에 명사를 넣고 '오네가이시마스'하면 아주 정중하고 부드럽게 들린다.

~です

~입니다

처음 보는 외국 사람에게 반말로 할 수는 없는 일. 명사에다 '데스'만 붙여도 일단 간단한 대답이 될 수 있다. 질문은 「~ですか(데스까)」(입니까?).

はい / いいえ

예. / 아니오.

Yes, No는 알고 있어야겠죠?
반말은 「うん」(응) / 「いや」(아니).

해외여행의 기본 필수품

☐ 여권·비자	☐ 항공권
☐ 현지통화	☐ 신용 카드
☐ 여행자 수표	☐ 국제 학생증(학생의경우)
☐ 국제 운전 면허증	☐ 예비용 사전
☐ 카메라	☐ 필기도구
☐ 보조 배터리	☐ 가이드북·지도·회화집

꼭 가져가야 하는 여행 준비물

- ☐ 칫솔·치약·수건·비누
- ☐ 화장품·빗·면도기
- ☐ 드라이어(일본은 110v)
- ☐ 생리용품·자외선 차단 크림
- ☐ 비상약·손톱깎기
- ☐ 셔츠·바지·속옷·바람막이
- ☐ 비닐 봉지
- ☐ 양말·스타킹
- ☐ 작은 가방
- ☐ 티슈·손수건
- ☐ 반짇고리
- ☐ 멀티어댑터(전기제품사용시)
- ☐ 선물

꼭 필요한 짐 꾸미는 요령 (배낭여행의 경우)

① **배낭** : 여행용 배낭으로는 슈트 케이스처럼 완전히 펼쳐 놓을 수 있는 것이 편하다. 또 주머니가 많은 배낭은 물건을 분류해서 넣기는 좋지만, 도난의 위험도 있으므로 밖으로 튀어나온 주머니에는 귀중품을 넣지 말 것. 배낭은 끈 부분이 중요하므로 어깨에 무리를 주지 않고 바느질이 튼튼한 것을 고른다. 가이드북이나 자주 꺼내봐야 하는 것을 위해 작은 배낭도 준비한다.

② **조그만 자물쇠** : 배낭의 지퍼를 달고 자물쇠로 지퍼가 열리지 않도록 잠가두면 도난사고를 미리 막을 수 있다.

③ **옷** : 여행하는 계절과 여행할 지역에 맞춰 점퍼 한 벌, 긴소매 남방 1~2벌, 티셔츠 2~3벌, 바지 2벌, 양말 2~3켤레, 속옷 몇 가지 정도로 가볍게 가져간다. 부피가 크지 않은 카디건이나 바람막이도 요긴하다.

간단한 선물이라면 이런 것 어때요?

① 김(1회용포장된 것이 좋다. 마른 김도 좋지만 구운 김은 일본에서도 인기.) ② 라면(한국의 라면은 세계 어디서나 인기!) ③ 마스크팩 ④ K-pop 가수의 굿즈 ⑤ 액세서리 · 공예품 ⑥ 미용비누 ⑦ 양말 ⑧ 과자나 믹스커피

남자	여자
호텔에 일회용면도기가 있는 곳도 있지만, 만일을 대비해 준비해 가는 것이 좋다. 짧은 출장이라면 필요한 만큼 셔츠를 준비하고, 기간이 긴 경우는 호텔의 드라이클리닝서비스를 이용하는 것도 짐을 줄이는 한 방법.	의외로 스타킹을 준비하지 않는 경우가 많은데 한국에서 사가는 것이 여러모로 편리하고 경제적이다. 우리나라 스타킹은 품질도 좋으니까, 간단한 선물용으로도 O.K.! 드라이어는 전원(일본호텔은 110V만 되는 곳도 있음)을 확인하고 짐이 너무 많아지지 않도록 화장품도 조금씩 덜어서 가져가는 것이 요령.

인사하기

❶ 안녕하세요. (아침인사)

❷ 안녕하세요. (낮인사)

❸ 안녕하세요. (저녁인사)

❹ 처음 뵙겠습니다.

❺ 만나서 반갑습니다.

❻ 안녕히 주무세요. (밤에 헤어질 때 인사말로도 쓴다.)

❼ 안녕히 가세요. / 안녕.

❽ 그럼, 또 봐요.

❾ 또 만나요.

❿ 또 뵙겠습니다.

MP3 01-1

오하요-고자이마스
❶ おはようございます。

곤니찌와
❷ こんにちは。

곰방와
❸ こんばんは。

하지메마시떼
❹ はじめまして。

오아이데끼떼 우레시-데스
❺ おあいできて うれしいです。

오야스미나사이
❻ おやすみなさい。

사요-나라
❼ さようなら。

쟈- 마따
❽ じゃ、また。

마따 오아이시마쇼-
❾ また お会いしましょう。
あ

마따 오메니카카리마스
❿ また お目にかかります。
め

대답하기

❶ 예.

❷ 아니오.

❸ 알겠습니다.

❹ 아, 네. (영어의 I see와 같은 말)

❺ 예, 그럼 부탁합니다. / 그렇게 해 주세요.

❻ 아니오, 됐어요. (거절할 때)

❼ 예, 그렇습니다.

❽ 아니오, 아닙니다.

❾ 아, 그렇습니까?

❿ 물론입니다.

하이
❶ はい。

이-에
❷ いいえ。

와까리마시따
❸ わかりました。

나루호도
❹ なるほど。 윗사람에게는 쓰지 않는다.

하이 오네가이시마스
❺ はい、お願(ねが)いします。

이-에 겍꼬-데스
❻ いいえ、けっこうです。

하이 소-데스
❼ はい、そうです。

이-에 치가이마스
❽ いいえ、ちがいます。

아 소-데스까
❾ あ、そうですか。

모치론데스
❿ もちろんです。

자기소개

❶ 안녕하세요. (처음 뵙겠습니다.)

❷ 저는 ○○입니다.

❸ 잘 부탁드립니다.

❹ 한국에서 왔습니다.

❺ 학생 / 회사원 / 주부입니다.

❻ 단체로 / 혼자서 왔습니다.

❼ 업무차 왔습니다.

❽ 일본은 이번이 처음입니다. (두 번째 / 세 번째)

❾ 만나게 되어 반갑습니다.

❿ 이쪽은 제 아내와 아이입니다.

하지메마시떼
❶ はじめまして。

와따시와 데스
❷ わたしは ○○です。

도-조 요로시꾸
❸ どうぞ よろしく。

캉꼬꾸까라 키마시따
❹ 韓国から 来ました。
かんこく き

각세- 카이샤잉 슈후데스
❺ 学生 / 会社員 / 主婦です。
がくせい かいしゃいん しゅ ふ

단따이데 츠아-데 히또리데 키마시따
❻ 団体で(ツアーで) / ひとりで 来ました。
だんたい き

시고또데 키마시따
❼ 仕事で 来ました。
し ごと き

니홍와 곤까이 하지메떼데스 니까이메 상까이메
❽ 日本は 今回 はじめてです。(2回目/ 3回目)
に ほん こんかい にかい め さんかい め

오아이데끼떼 우레시-데스
❾ お会いできて うれしいです。
あ

곳찌와 와따시노 카나이또 코도모데스
❿ こっちは 私の 家内と 子供です。
わたし か ない こ ども

말걸기와 되묻기

❶ 여보세요. / 여기요. (식당이나 길거리 등에서 사람을 부를 때)

❷ 저, 잠깐만요. (사람을 부를 때)

❸ ~씨 (성에다 さん을 붙여 부른다.)

❹ 누구 계세요? (상점에 아무도 없을 때)

❺ 한 번 더 말씀해 주세요.

❻ 좀더 천천히 말해 주세요.

❼ 무슨 뜻이죠?

❽ 죄송하지만, 잘 모르겠어요.

❾ 네?

❿ 뭐라구요? (말을 못 알아들었을 때)

MP3 01-4

스미마셍
❶ すみません。

시쯔레-데스가
❷ 失礼ですが…。
しつれい

~상
❸ ～さん

고멘구다사이
❹ ごめんください。

모-이찌도　옷샤떼구다사이
❺ もう一度 おっしゃってください。
いちど

모-스꼬시　육꾸리　하나시떼구다사이
❻ もう少し ゆっくり 話してください。
すこ　はな

도-유-　이미데스까
❼ どういう 意味ですか。
いみ

스미마셍가　요꾸　와까리마셍
❽ すみませんが、よく わかりません。

엣
❾ えっ?

하이
❿ はい?

감사표현

❶ 고맙습니다. (간단하지만 정중한 표현)

❷ 고맙습니다.

❸ 대단히 감사합니다.

❹ 여러 가지로 감사합니다.

❺ 수고하셨습니다.

❻ 잘 먹었습니다. (접대를 받았을 때)

❼ 뭐라 감사해야 할지…. / 정말 고마웠습니다.

❽ 친절에 감사드립니다.

❾ 지난번엔 정말 고마웠습니다.

❿ 천만에요.

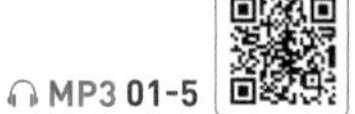

도-모
❶ どうも。

아리가또-　　　고자이마스
❷ ありがとう(ございます。)

도-모　　아리가또-고자이마스
❸ どうも ありがとうございます。

이로이로또　　　아리가또-고자이마스
❹ いろいろと ありがとうございます。

오쯔까레사마데시따
❺ お疲れさまでした。
つか

고치소-사마데시따
❻ ごちそうさまでした。

혼또-니　　　　　아리가또-고자이마시따
❼ ほんとうに ありがとうございました。

고신세츠니　칸샤시마스
❽ ご親切に 感謝します。
しんせつ　かんしゃ

센지츠와　도-모　　　아리가또-고자이마시따
❾ 先日は どうも (ありがとうございました)。
せんじつ

도-이따시마시떼
❿ どういたしまして。

사과와 대답

❶ 실례지만….

❷ 죄송해요. / 미안합니다.

❸ 미안해요.

❹ 죄송합니다.

❺ 기다리시게 해서 죄송합니다.

❻ 앗, 실례.

❼ 괜찮아요.

❽ 염려하지 마세요.

❾ 걱정마세요.

❿ 안심하세요.

시쯔레-데스가
❶ 失礼ですが…。
しつれい

스미마셍
❷ すみません。 「すみませんでした」라고도 한다.

고멘나사이
❸ ごめんなさい。

모-시와케 아리마셍
❹ もうしわけ ありません。

오마따세시떼 스미마셍
❺ お待たせして すみません。
ま

앗 시쯔레-
❻ あっ、失礼!
しつれい

이인데스요
❼ いいんですよ。

기니 시나이데구다사이
❽ 気に しないでください。
き

고심빠이나꾸
❾ ご心配なく。
しんぱい

고안신구다사이
❿ ご安心ください。
あんしん

허가구하기와 대답

❶ 들어가도 됩니까?

❷ 여기에서 담배를 피워도 됩니까?

❸ 여기에서 사진을 찍어도 됩니까?

❹ 전화를 써도 됩니까?

❺ 여기, 앉아도 돼요?

❻ 잠깐 실례하겠습니다. (자리를 비울 때)

❼ 잠깐만요. (기다리게 할 때)

❽ 예, 그러세요.

❾ 네, 좋아요.

❿ 그건 좀…. (거절할 때)

하잇떼모 이-데스까
❶ 入(はい)っても いいですか。

고꼬데 타바꼬오 슷떼모 이-데스까
❷ ここで たばこを すっても いいですか。

고꼬데 샤싱오 돗테모 이-데스까
❸ ここで 写真(しゃしん)を とっても いいですか。

뎅와오 쯔깟떼모 이-데스까
❹ 電話(でんわ)を 使(つか)っても いいですか。

고꼬 스왓떼모 이-데스까
❺ ここ、座(すわ)っても いいですか。

촛또 시쯔레-시마스
❻ ちょっと、失礼(しつれい)します。

촛또 맛떼구다사이
❼ ちょっと 待(ま)ってください。

하이 도-조
❽ はい、どうぞ。

에- 이-데스요
❾ ええ、いいですよ。

소레와 촛또
❿ それは ちょっと…。

긴급사태

❶ 도와주세요! / 살려주세요!

❷ 하지 마! / 그만둬!

❸ 도둑이야!

❹ 경찰을 불러 주세요!

❺ 불이야!

❻ 열어 주세요! / 열어 줘!

❼ 구급차를 불러 주세요.

❽ 제 가방이 보이지 않아요.

❾ 지갑이 없어졌어요.

❿ 다쳤어요.

MP3 01-8

다스께떼구다사이
❶ 助けてください!
たす

야메떼
❷ やめて!

도로보-
❸ どろぼう!

게-사쯔오 욘데구다사이
❹ 警察を 呼んでください!
けいさつ よ

카지다
❺ 火事だ!
か じ

아께떼
❻ 開けて!
あ

큐-큐-샤오 욘데구다사이
❼ 救急車を 呼んでください!
きゅうきゅうしゃ よ

와따시노 가방가 미츠까리마셍
❽ わたしの かばんが 見つかりません。
み

사이후가 나쿠나리마시따
❾ 財布が なくなりました。
さい ふ

케가오 시마시따
❿ けがを しました。

필수 어휘

숫자 읽기

영	0	れい · ゼロ	레- · 제로
일	1	いち	이치
이	2	に	니
삼	3	さん	상
사	4	し · よん	시 · 용
오	5	ご	고
육	6	ろく	로꾸
칠	7	しち · なな	시치 · 나나
팔	8	はち	하치
구	9	きゅう	큐-
십	10	じゅう	쥬-
십일	11	じゅういち	쥬-이치
십이	12	じゅうに	쥬-니
십삼	13	じゅうさん	쥬-상
십사	14	じゅうよん	쥬-용
십오	15	じゅうご	쥬-고
십육	16	じゅうろく	쥬-로꾸
십칠	17	じゅうなな	쥬-나나
십팔	18	じゅうはち	쥬-하치
십구	19	じゅうきゅう	쥬-큐-
이십	20	にじゅう	니쥬-

삼십	30	さんじゅう	산쥬-
사십	40	よんじゅう	욘쥬-
오십	50	ごじゅう	고쥬-
육십	60	ろくじゅう	로꾸쥬-
칠십	70	ななじゅう	나나쥬-
팔십	80	はちじゅう	하치쥬-
구십	90	きゅうじゅう	큐-쥬-
백	100	ひゃく	햐꾸
천	千	せん	센
만	万	まん	만
십만	十万	じゅうまん	쥬-만
백만	百万	ひゃくまん	햐꾸만
천만	千万	せんまん	센만
억	億	おく	오꾸
이분의 일	1/2	にぶんのいち	니분노이치
삼분의 일	1/3	さんぶんのいち	산분노이치
사분의 일	1/4	よんぶんのいち	욘분노이치
삼분의 이	2/3	さんぶんのに	산분노니
엔	¥	えん	엔
달러	$	ドル	도루
원	₩	ウォン	원

기내

1. 비행기를 탄 후에는

すみませんが、
私の 席は どこですか。

승무원의 안내를 받아 비행기에 오르면, 먼저 자신의 탑승권에 적힌 좌석 번호를 찾아 앉는다. 비행기 안에서 필요한 소지품을 빼고 가방은 선반이나 의자 밑에 넣어 정리한다. 선반에 짐을 넣을 때는 뒤따라 들어와 좌석을 찾는 승객에게 방해가 되지 않도록 주의한다. 만약 일행과 떨어져 앉게 되었다거나 빈자리가 있다고 해서 마음대로 옮겨 앉는 것은 곤란하다. 승무원에게 부탁해 양해를 얻는 것이 좋다. 정리가 끝나면, 좌석에 앉아 안전벨트를 맨다.

コーヒーを
ください。

기내에서는 식사 · 주류 · 각종 청량음료와 음악 · 영화 상영 등이 무료로 서비스되며 기내지를 비롯한 국내외 일간지와 잡지 등은 승무원에게 부탁하면 얻을 수 있다. 간단한 구급 약품도 준비되어 있다.

3. 기내 화장실 이용하기

비행기 안의 화장실은 남녀 공용이며, 앞쪽과 중간, 뒤쪽으로 나뉘어 여러개가 있다. 착륙하기 전에 특히 붐비므로 다음 사람을 위하여 사용 시간을 되도록 짧게 하고 조용히 줄을 서서 기다린다. 비행기의 이착륙 때에는 화장실을 사용할 수 없으며, 갑작스러운 기류변화 등으로 안전벨트를 매라는 사인이 들어오면 곧 좌석으로 돌아가야 한다.

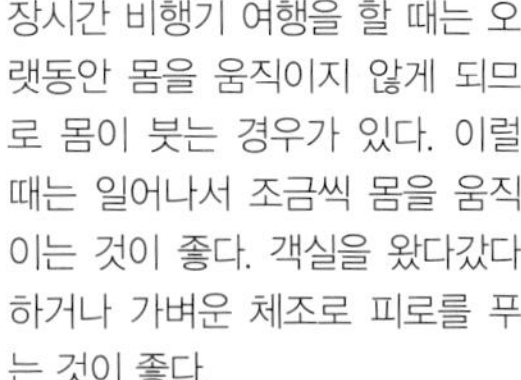

좀더 편안하게 비행기 여행을 하는 방법

장시간 비행기 여행을 할 때는 오랫동안 몸을 움직이지 않게 되므로 몸이 붓는 경우가 있다. 이럴 때는 일어나서 조금씩 몸을 움직이는 것이 좋다. 객실을 왔다갔다 하거나 가벼운 체조로 피로를 푸는 것이 좋다.

낮은 곳에서 갑자기 높은 곳으로 올라갈 때 귀가 멍해지는 느낌을 받는 경우가 많은데, 이것은 귀 안의 기압과 공기중의 기압에 차이가 커지기 때문이다. 이때에는 코를 막고 입을 다문 뒤 숨을 크게 내쉬면 괜찮아진다.

자리찾기

❶ 죄송하지만, 제 자리는 어디입니까?

❷ 잠깐 지나가겠습니다.

❸ 여기는 제 자리인 것 같은데요.

❹ 여기에 짐을 두어도 괜찮습니까?

❺ 사용법을 가르쳐 주세요.

❻ 안전벨트 매는 법을 가르쳐 주세요.

❼ 의자를 뒤로 젖혀도 됩니까?

❽ 저랑 자리 좀 바꿔 주실 수 없을까요?

word

❶ 席(せき) 자리
❷ 通(とお)す 지나가게 하다, 통과시키다
❸ 思(おも)う 생각하다

MP3 02-1

스미마셍가 와따시노 세끼와 도꼬데스까
❶ すみませんが、私の 席は どこですか。
わたし せき

촛또 도-시떼구다사이
❷ ちょっと 通してください。
とお

고꼬와 와따시노 세끼다또 오모이마스가
❸ ここは 私の 席だと 思いますが…。
わたし せき おも

고꼬니 니모쯔오 오이떼모 이-데스까
❹ ここに 荷物を おいても いいですか。
にもつ

쯔까이까따오 오시에떼구다사이
❺ 使い方を 教えてください。
つか かた おし

씨-또베루또노 시메까따오 오시에떼구다사이
❻ シートベルトの 締め方を 教えてください。
し かた おし

씨-또오 다오시떼모 이-데스까
❼ シートを 倒しても いいですか。
たお

와따시또 세끼오 카왓떼이따다케마셍까
❽ 私と 席を かわっていただけませんか。
わたし せき

❹ 荷物(にもつ) 짐 / 手荷物(てにもつ) 수하물
❻ 教(おし)える 가르치다
❼ 倒(たお)す 쓰러뜨리다

기내 서비스 이용하기

❶ 실례지만, 화장실은 어디입니까?

❷ 한국어를 할 수 있는 분 계세요?

❸ 음료 드시겠어요?

❹ 예, 커피 주세요.

❺ 아니오, 됐어요. (안 마실 때)

❻ 한 잔 더 주시겠어요?

❼ 한국 신문은 있습니까?

❽ 이 이어폰은 고장났는데요.

word

❶ トイレ 화장실 = お手洗(てあら)い
❷ 韓国語(かんこくご) 한국어
❹ 生水(なまみず) 생수 / コーラ 콜라 / ジュース 주스

MP3 02-2

기내

스미마셍가 토이레와 도꼬데스까
❶ すみませんが、トイレは どこですか。

캉꼬꾸고가 하나세루카따 이랏샤이마스까
❷ 韓国語が 話せる方 いらっしゃいますか。
かんこく ご はな かた

나니까 오노미모노와 이까가데스까
❸ 何か お飲みものは いかがですか。
なに の

에- 코-히-오 구다사이
❹ ええ、コーヒーを ください。

이-에 켁코-데스
❺ いいえ、けっこうです。

모- 입빠이 오카와리오 이따다케마스까
❻ もう 一杯 おかわりを いただけますか。
いっぱい

캉꼬꾸노 심붕와 아리마스까
❼ 韓国の 新聞は ありますか。
かんこく しんぶん

고노 이야혼와 고와레떼이마스
❽ この イヤホンは 壊れています。
こわ

❻ いただけますか 주실 수 있습니까?, 주시겠어요?
❼ 新聞(しんぶん) 신문 / 雑誌(ざっし) 잡지
❽ 壊(こわ)れる 부서지다, 망가지다

기내 식사 주문하기

❶ 뭘로 드시겠습니까?

❷ 음료는 뭘로 드릴까요?

❸ 어떻게 해 드릴까요?

❹ 크림과 설탕을 주세요.

❺ 닭고기 요리는 있습니까?

❻ 술은 됐습니다.

❼ 한 그릇 더 주실 수 있습니까?

❽ 식사 다 하셨습니까?

word

❹ クリーム 크림 / さとう 설탕

❺ 鳥肉(とりにく) 닭고기 / ぶたにく 돼지고기 / 牛肉(ぎゅうにく) 쇠고기

나니니 나사이마스까
❶ 何に なさいますか。
なに

나니오 오노미니나리마스까
❷ 何を お飲みになりますか。
なに の

도노요-니 이따시마쇼-까
❸ どのように いたしましょうか。

크리-무또 사토-오 구다사이
❹ クリームと さとうを ください。

토리니꾸료-리와 아리마스까
❺ 鳥肉料理は ありますか。
とりにくりょう り

오사께와 켁꼬-데스
❻ お酒は けっこうです。
さけ

오까와리 데끼마스까
❼ おかわり できますか。

쇼꾸지와 오스미데스까
❽ 食事は お済みですか。
しょく じ す

❻ お酒(さけ) 술
❼ お代(か)わり 같은 음식을 더 먹는 것
❽ お済(す)みですか 끝났습니까?

몸이 아플 때는

❶ 속이 불편합니다.

❷ 머리가 아파요.

❸ 열이 있습니다.

❹ 한기가 듭니다.

❺ 비행기 멀미인 것 같습니다.

❻ 토할 것 같습니다.

❼ 차가운 물 한 잔만 주세요.

❽ 이제 속이 좀 괜찮아졌습니다.

word

❶ 気分(きぶん)が 悪(わる)い 속이 안 좋다
❸ 熱(ねつ) 열
❹ 寒気(さむけ) 오한

MP3 02-4

기붕가 와루이데스
❶ 気分が 悪いです。
きぶん わる

아따마가 이따이데스
❷ 頭が いたいです。
あたま

네쯔가 아리마스
❸ 熱が あります。
ねつ

사무께가 시마스
❹ 寒気が します。
さむけ

히꼬-끼요이노 요-데스
❺ 飛行機よいの ようです。
ひこうき

하키케가 시마스
❻ 吐き気が します。
は け

츠메따이 미즈오 입빠이 오네가이시마스
❼ つめたい 水を 一杯 お願いします。
みず いっぱい ねが

모- 기붕가 요꾸나리마시따
❽ もう 気分が よくなりました。
きぶん

❺ 飛行機(ひこうき)よい 비행기 멀미
❼ つめたい 차가운 ↔ あたたかい 따뜻한
❽ よくなりました 좋아졌습니다

기내판매 이용 및 입국카드 작성

❶ 기내에서 면세품 판매를 합니까?

❷ 면세품 항목을 보여 주시겠습니까?

❸ 담배 있습니까?

❹ 이것은 얼마입니까?

❺ 카드로 지불해도 됩니까?

❻ 입국 카드 좀 주시겠습니까?

❼ 입국 카드 기입법을 가르쳐 주세요.

❽ (기입 후에) 입국 카드 기입은 이것으로 됐습니까?

word

❶ 機内(きない) 기내 / 免税品(めんぜいひん) 면세품 / 販売(はんばい) 판매

❷ 見(み)せる 보이다, 보여주다

MP3 02-5

기나이데 멘제-힝노 함바이오 시떼이마스까
❶ 機内で 免税品の 販売を していますか。
きない めんぜいひん はんばい

멘제-힝노 리스또오 미세떼이따다케마스까
❷ 免税品の リストを 見せていただけますか。
めんぜいひん み

타바꼬와 아리마스까
❸ たばこは ありますか。

고레와 이꾸라데스까
❹ これは いくらですか。

카-도데 하랏떼모 이-데스까
❺ カードで はらっても いいですか。

뉴-꼬꾸카-도오 이따다케마스까
❻ 入国カードを いただけますか。
にゅうこく

뉴-꼬꾸카-도노 가끼까따오 오시에떼구다사이
❼ 入国カードの 書き方を 教えてください。
にゅうこく か かた おし

뉴-꼬꾸카-도노 키뉴-와 고레데 이-데스까
❽ 入国カードの 記入は これで いいですか。
にゅうこく きにゅう

❻ 入国(にゅうこく) 입국 ↔ 出国(しゅっこく) 출국
❼ 書(か)き方(かた) 작성법, 쓰는 법
❽ 記入(きにゅう) 기입

갯수

하나	一つ(ひとつ)	히토츠
둘	二つ(ふたつ)	후타츠
셋	三つ(みっつ)	밋쯔
넷	四つ(よっつ)	욧쯔
다섯	五つ(いつつ)	이츠츠
여섯	六つ(むっつ)	뭇츠
일곱	七つ(ななつ)	나나츠
여덟	八つ(やっつ)	얏츠
아홉	九つ(ここのつ)	고코노츠
열	十(とお)	토-
몇 개	いくつ	이쿠츠

사람 수

한 명	一人(ひとり)	히또리
두 명	二人(ふたり)	후따리
세 명	三人(さんにん)	산닝
네 명	四人(よにん)	요닝
다섯 명	五人(ごにん)	고닝

여섯 명	六人(ろくにん)	로쿠닝
일곱 명	七人(しちにん)	시치닝
여덟 명	八人(はちにん)	하치닝
아홉 명	九人(きゅうにん)	큐-닝
열 명	十人(じゅうにん)	쥬-닝
몇 명	何人(なんにん)	난닝

봄	春(はる)	하루
여름	夏(なつ)	나츠
가을	秋(あき)	아키
겨울	冬(ふゆ)	후유
상순	上旬(じょうじゅん)	죠-쥰
중순	中旬(ちゅうじゅん)	츄-쥰
하순	下旬(げじゅん)	게쥰
상반기	上半期(かみはんき)	카미항키
하반기	下半期(しもはんき)	시모항키
사계절	四季(しき)	시키
계절	季節(きせつ)	키세츠

1. 공항에서 시내로

나리타 국제 공항에서 시내로 이동하기 위해서는 공항 리무진 버스나 공항 셔틀버스 혹은 JR열차, 공항 택시 등을 이용한다. 정확한 시간에 도착해야 할 필요가 있는 사람은 스카이라이너, 나리타 익스프레스를 이용하는 것이 안전하고, 짐이 많을 경우에는 공항에서 지정한 곳까지 우송을 해주는 택배를 이용하는 것도 좋겠다.

나리타 공항	도착지	소요 시간
게이세이 나리타역	게이세이 우에노	스카이라이너로 60분
나리타 익스프레스	도쿄 신주쿠	56분77분
	히가시긴자역	리무진 버스로 80분
	도쿄시티에어 터미널(TCAT)	리무진 버스로 55분
	하네다 공항 (국내선)	리무진 버스로 75분
	요코하마시티 에어터미널(TCAT)	리무진 버스로 90~110분

❶ 공항 리무진 : 공항의 도착 로비 앞에서 도쿄시티 에어터미널(TCAT), 도쿄 도심 호텔, 하네다 공항, 요코하마까지 직행한다.

❷ 공항 셔틀버스 : 나리타 공항과 도쿄의 특급 호텔을 연결하고 있다. 승차권 카운터는 도착 로비에 있다.

❸ 철도 : JR패스(일본 철도 주유권)를 가진 여행자는 공항 청사 밑의 기차역에서 도쿄, 신주쿠, 이케부쿠로, 요코하마까지 갈 수 있다. 개찰구 옆에 승차권 자동판매기가 설치되어 있으며, 화면에 영어로 승차권 구입 요령을 안내하고 있다.

❹ 택시 : 택시는 요금이 비싸다. 공항에서 도쿄내까지는 너무 먼 거리이므로 리무진버스나 철도를 이용하는 것이 좋다.

2. 입국절차

비행기에서 내려 도착하면 다음과 같은 순서로 입국심사가 진행된다.

검역 → **입국심사** → **짐 찾기** → **세관검사**

❶ 검역 : 입국자가 전염병 따위에 걸려 있지 않은가를 조사하는데, 한국을 출발해서 온 항공기의 승객에 대해서는 거의 문제 삼지 않는다. (2023년 4월 29일 이후 일본 입국자에게는 유효한 백신접종증명서 또는 출국전검사증명서의 제시가 필요 없게 되었다.)

❷ 입국심사 : **外国人**(외국인)이라고 씌여진 입국심사대 앞에 가서 입출국 카드를 제출하면 일본에 온 목적, 체류 기간, 여행비용, 돌아갈 비행기표 등을 질문하고 확인하는 절차를 거친다. 여행 목적은 여행 또는 연수라고 답하면 된다. 요즘은 웹에서 미리 신청하여 큐알코드를 캡쳐해두면 편리하다. Visit Japan Web 참고. www.vjw.digital.go.jp (일본 입국 패스트 트랙서비스, 검역, 입국)

❸ 짐찾기 : 입국심사를 마치고 1층으로 내려오면 수하물을 찾는 회전대가 나온다. 여행가방이 비슷한 경우 바뀔 염려가 있으므로, 자신의 것인지 자세하게 확인한다. 미리 자신의 가방임을 확인할 수 있는 표시를 해두면 좋다.

❹ 세관심사 : 짐을 찾은 후에는 세관 카운터로 가서 직원에게 짐과 여권, 세관 신고서를 건네준다. 만약 과세 대상이 있어도 신고하지 않았다가 적발되면 압류당하거나 무거운 벌금을 물게 된다.

일본 면세 반입 한도			
담배	200개비(20갑)	주류	3병(1병 760ml)
엽궐련	50개비	향수	2온스(1온스 28ml)
기타담배	250g	20만엔을 넘지 않는 선물	
세관검사시 꼬치꼬치 캐묻기도 하므로 다른 사람에게서 부탁받은 물건이 있을 경우 내용물에 대해서 미리 파악해두자.			

입국 심사

❶ 입국심사는 어디입니까?

❷ 여권을 보여 주십시오.

❸ 당신의 여행 목적은 무엇입니까?

❹ 관광입니다.

❺ 어디서 묵을(체재할) 예정입니까?

❻ 프린스 호텔입니다.

❼ 며칠간 체재할 예정입니까?

❽ 일주일입니다.

word

❶ 審査(しんさ) 심사
❸ 旅行(りょこう) 여행 / 目的(もくてき) 목적
❹ 観光(かんこう) 관광 / 仕事(しごと) 업무

MP3 03-1

뉴-꼬꾸신사와 도꼬데스까
❶ 入国審査は どこですか。
にゅうこくしん さ

파스포-또오 미세떼구다사이
❷ パスポートを 見せてください。
み

아나따노 료꼬-노 모꾸떼끼와 난데스까
❸ あなたの 旅行の 目的は 何ですか。
りょこう もくてき なん

캉꼬-데스
❹ 観光です。
かんこう

도꼬니 타이자이사레마스까
❺ どこに 滞在されますか。
たいざい

프린스호테루데스
❻ プリンスホテルです。

난니찌깡 타이자이사레루 고요떼-데스까
❼ 何日間、滞在される ご予定ですか。
なんにちかん たいざい よ てい

잇슈-깡데스
❽ 1週間です。
いっしゅうかん

일본공항

❺ 滞在(たいざい) 체재, 체류
❻ ホテル 호텔 / ともだちの 家(いえ) 친구 집
❽ 一週間(いっしゅうかん) 일주간, 일주일

세관에서

❶ 여권과 신청서를 부탁합니다.

❷ 신고할 물건이 있습니까?

❸ 예, 있습니다.

❹ 아뇨, 없습니다.

❺ 노트북을 갖고 있습니다.

❻ 짐을 보여 주십시오.

❼ 이건 뭐죠?

❽ 친구에게 줄 선물입니다.

word

❶ 申請書(しんせいしょ) 신청서
❷ 申告(しんこく) 신고

파스포-토또 신세-쇼오 오네가이시마스
❶ パスポートと 申請書を お願いします。
しんせいしょ ねが

나니까 신꼬꾸스루모노와 아리마스까
❷ 何か 申告するものは ありますか。
なに しんこく

하이 아리마스
❸ はい、あります。

이-에 아리마셍
❹ いいえ、ありません。

노-토북꾸오 못떼이마스
❺ ノートブックを 持っています。
も

니모쯔오 미세떼구다사이
❻ 荷物を 見せてください。
にもつ み

고레와 난데스까
❼ これは 何ですか。
なん

도모다찌에노 프레젠또데스
❽ 友達への プレゼントです。
ともだち

❽ 友達(ともだち) 친구
プレゼント 선물(present)

짐 찾기

❶ 짐은 어디서 받을 수 있습니까?

❷ 짐이 안 나왔습니다.

❸ 어떤 짐입니까?

❹ 커다란 가죽 가방입니다.

❺ 수하물 보관증을 갖고 있습니까?

❻ 그게…, 잃어 버렸습니다.

❼ 짐을 찾으면 전화해 주십시오.

❽ 슈트 케이스가 망가져 있습니다.

word

❶ 受(う)け取(と)る 받다, 수취하다
❹ 革(かわ) 가죽
❺ 預(あず)かり証(しょう) 보관증

MP3 03-3

니모쯔와 도꼬데 우께토리마스까
❶ 荷物は どこで 受け取りますか。
にもつ うと

니모쯔가 데떼키마셍데시따
❷ 荷物が 出てきませんでした。
にもつ で

돈나 니모쯔데스까
❸ どんな 荷物ですか。
にもつ

오-끼나 가와노 가방데스
❹ 大きな 革の かばんです。
かわ

아즈까리쇼-와 못떼이마스까
❺ 預かり証は 持っていますか。
あず しょう も

소레가 나꾸시떼시마이마시따
❻ それが… なくしてしまいました。

니모쯔가 미쯔깟따라 뎅와오 구다사이
❼ 荷物が 見つかったら、電話を ください。
にもつ み でんわ

스-츠케-스가 고와레떼이마스
❽ スーツケースが 壊れています。
こわ

일본공항

❼ 電話(でんわ) 전화
❽ 壊(こわ)れる 망가지다 / いたむ 상하다

공항 로비에서

❶ 관광 안내소는 어디입니까?

❷ 택시 타는 곳은 어디입니까?

❸ 시내행 버스는 어디서 탑니까?

❹ 이 호텔에는 어떻게 갑니까?

❺ 시내까지는 얼마나 걸립니까?

❻ 나리타익스프레스 타는 곳은 어디입니까?

❼ 공중전화는 어디에 있습니까?

❽ 엘리베이터는 어디에 있습니까?

word

❶ 案内所(あんないじょ) 안내소
❷ 乗(の)り場(ば) 승강장, 타는 곳
❸ 市内(しない) 시내

캉꼬-안나이죠와 도꼬데스까
❶ 観光案内所(かんこうあんないじょ)は どこですか。

탁시-노리바와 도꼬데스까
❷ タクシー乗(の)り場(ば)は どこですか。

시나이유끼노 바스와 도꼬데 노리마스까
❸ 市内行(しないゆ)きの バスは どこで 乗(の)りますか。

고노호테루에와 도- 이끼마스까
❹ この ホテルへは どう 行(い)きますか。

시나이마데 도레쿠라이 카카리마스까
❺ 市内(しない)まで どれくらい かかりますか。

나리타에쿠스프레스노 노리바와 도꼬데스까
❻ 成田(なりた)エクスプレスの 乗(の)り場(ば)は どこですか。

코-슈-뎅와와 도꼬니 아리마스까
❼ 公衆電話(こうしゅうでんわ)は どこに ありますか。

에레베-타-와 도꼬니 아리마스까
❽ エレベーターは どこに ありますか。

❼ 公衆電話(こうしゅうでんわ) 공중전화
❽ エレベーター 엘리베이터
エスカレーター 에스컬레이터

환전

❶ 은행은 어디에 있습니까?

❷ 환전은 어디서 할 수 있습니까?

❸ 이 돈을 환전하고 싶습니다만….

❹ '원'을 '엔'으로 바꾸고 싶습니다만….

❺ 여행자용 수표를 현금으로 바꿔 주세요.

❻ 수수료는 얼마입니까?

❼ 환율은 얼마입니까?

❽ 이곳에 사인을 해 주십시오.

word

❷ 両替(りょうがえ) 환전 / 替(か)える 바꾸다
❺ 現金(げんきん) 현금 = キャッシュ(캿슈)
❻ 手数料(てすうりょう) 수수료

긴꼬-와 도꼬데스까
❶ 銀行は どこですか。
ぎんこう

료-가에와 도꼬데 데끼마스까
❷ 両替は どこで できますか。
りょうがえ

고노 오카네오 료-가에시따인데스가
❸ この お金を 両替したいんですが…。
かね りょうがえ

원오 엔니 가에따인데스가
❹ wonを 円に 替えたいんですが…。
えん か

토라베라-즈첵꾸오 겡킹니 가에떼구다사이
❺ トラベラーズチェックを現金に替えてください。
げんきん か

테스-료-와 이꾸라데스까
❻ 手数料は いくらですか。
て すうりょう

가와세레-또와 이꾸라데스까
❼ 為替レートは いくらですか。
かわせ

고꼬니 사잉오 시떼구다사이
❽ ここに サインを してください。

❼ 為替(かわせ)レート 환율
❽ サイン 사인(sign)
してください 해 주세요

환승

❶ KAL의 환승 카운터는 어디입니까?

❷ 몇 번 게이트로 가면 됩니까?

❸ 탑승 개시는 몇 시부터입니까?

❹ 대합실은 어디에 있습니까?

❺ 다른 (비행기) 편을 찾아 주셨으면 합니다만….

word

❶ 乗(の)りつぎ 환승, 갈아탐
❷ ゲート 게이트
❸ 搭乗(とうじょう) 탑승 / 開始(かいし) 개시

MP3 03-6

❶ 카루노 노리쯔기카운타-와 도꼬데스까
KALの 乗りつぎカウンターは どこですか。
の

❷ 난방게-또니 이께바 이인데스까
何番ゲートに 行けば いいんですか。
なんばん い

❸ 토-죠-카이시와 난지까라데스까
搭乗開始は 何時からですか。
とうじょうかい し なん じ

❹ 마찌아이시쯔와 도꼬니 아리마스까
待合室は どこに ありますか。
まちあいしつ

❺ 베츠노 빙오 사가시떼 호시인데스가
別の 便を 探して ほしいんですが…。
べつ びん さが

❹ 待合室(まちあいしつ) 대합실, 대기실

1월	1月(いちがつ)	이치가츠
2월	2月(にがつ)	니가츠
3월	3月(さんがつ)	상가츠
4월	4月(しがつ)	시가츠
5월	5月(ごがつ)	고가츠
6월	6月(ろくがつ)	로꾸가츠
7월	7月(しち · なながつ)	시치 · 나나가츠
8월	8月(はちがつ)	하치가츠
9월	9月(くがつ)	쿠가츠 ☆발음주의
10월	10月(じゅうがつ)	쥬-가츠
11월	11月(じゅういちがつ)	쥬-이치가츠
12월	12月(じゅうにがつ)	쥬-니가츠
이 달	今月(こんげつ)	콘게츠
다음 달	来月(らいげつ)	라이게츠
지난 달	先月(せんげつ)	센게츠
몇 월	何月(なんがつ)	난가츠
며칠	何日(なんにち)	난니치
매달	毎月(まいつき)	마이츠끼

월요일	月曜日(げつようび)	게츠요-비
화요일	火曜日(かようび)	카요-비
수요일	水曜日(すいようび)	스이요-비
목요일	木曜日(もくようび)	모꾸요-비
금요일	金曜日(きんようび)	킹요-비
토요일	土曜日(どようび)	도요-비
일요일	日曜日(にちようび)	니치요-비
무슨 요일	何曜日(なんようび)	난요-비

지지난주	先々週(せんせんしゅう)	센센슈-
지난주	先週(せんしゅう)	센슈-
이번주	今週(こんしゅう)	콘슈-
다음 주	来週(らいしゅう)	라이슈-
다다음주	さ来週(さらいしゅう)	사라이슈-
평일	平日(へいじつ)	헤-지츠
주말	週末(しゅうまつ)	슈-마츠

1. 일본 전철 100배 즐기기

일본에서는 전철과 지하철의 구분이 아주 확실하다. 땅속으로만 달리는 열차만 지하철이라고 부르고 그 밖의 열차는 모두 전철(뎅샤)이라고 한다.

● 전철 : JR노선과 시떼쯔(私鉄)노선으로 갈라진다. 우리나라로 치면 국철에 가까운 JR은 Japan Railway에서 관리하는 노선이고, 시떼쯔는 개인이 운영하는 철도 회사에 소속된 철도노선이다.
시떼쯔는 교외구간을 주로 연결하고 가격도 저렴하고 구간을 연결하는 시간도 짧다. 도쿄 시내 주요 볼거리는 JR야마노떼센을 따라 위치하기 때문에 이 노선만 타고 다니기만 해도 거의 모든 것을 볼 수 있다. 전철 요금은 정거장 수에 따라 올라간다.

지하철 · 전철 할인권

- **도쿠나이 패스(도쿄 시내 패스)** : 760엔. 도쿄 안에 있는 JR선을 마음대로 이용할 수 있는 1일 패스. 지하철에는 이용할 수 없다.
- **도에이 1일 승차권** : 700엔. 도에이 소속의 지하철을 하루종일 이용할 수 있다.
- **도쿄 프리깃뿌** : 1,600엔 하룻동안 JR과 에이단, 도에이 소속의 모든 지하철 노선 그리고 도에이 버스를 무제한 탈 수 있다.
- **선불 교통카드(SUICA 스이카 / ICOCA 이코카)** : 티머니와 같은 개념으로 500엔 보증금에 1000엔, 2000엔 등 금액별로 구매할 수 있다. 스이카는 JR동일본에서 발행, 운영하는 선불형 교통카드로 도쿄 지하철 및 동일본 JR 노선 외에도 오키나와, 홋카이도까지 이용범위가 넓어지고 있다. 이코카는 JR 서일본 및 여러 사철 회사에서 발행, 판매하는 교통카드로 오사카 지하철, 칸사이 지역 버스와 JR 노선 등 일본에서 사용범위가 가장 넓다.

파스모(PASMO)란?

도쿄에서는 '스이카' 외에도 '파스모'를 많이 사용하는데, 간토지방과 야마나시현, 시즈오카현 등의 철도, 버스 사업자가 발매하는 교통카드이다. 아이폰 유저라면 출국 전에 어플을 다운 받아서 아이폰 지갑에 등록한 후에 현지(편의점 등)에서 충전하여 사용할 수 있다. 갤럭시 사용자는 스이카처럼 실물카드를 구매하여 사용하면 된다.

● 지하철 : 지하철은 모두 12개의 노선으로 이루어져 있다. 이 중에서 8개의 노선은 '에이단'소속이며, 나머지 4개 노선은 '도에이'소속이다. 각 회사의 소유 노선 안에서는 티켓 한 장으로 자유롭게 갈아탈 수 있다. 하지만 소속이 다른 회사의 열차를 이용할 때, 예를 들어 '에이단'소속의 지하철을 타고 가다 또는 JR 노선을 타고 가다가 지하철로 갈아탈 때는 티켓을 새로 사야만 한다.

2. 복잡한 전철 · 지하철 좀더 쉽게 이용하기

❶ 여행을 시작하기 전에 미리 기본적인 루트를 그려본다.

❷ 그 루트 안에서 이동하려면 전철이나 지하철을 몇 번 타는지 확인한다.

❸ 계획이 세워지면 일단 역으로 간다.

❹ 노선도를 보면 각 역까지의 요금을 확인하고 자판기에 돈을 넣는다. 버튼에 불이 들어오는 것이 구입할 수 있는 티켓이다.

❺ 자판기에서 구매할 경우 해당하는 금액을 눌러서 구입한다.

❻ 이 체계가 자신이 없을 때에는 창구로 가서 원하는 역을 말하며 「우에노마데 이쿠라데스까」 하고 물어보면 된다.

버스

❶ 버스 정류장은 어디입니까?

❷ 공항 버스 승강장은 어디입니까?

❸ 승차권 파는 곳은 어디입니까?

❹ ~에 가고 싶은데요….

❺ 왕복 요금은 얼마입니까?

❻ (이 버스는) ~에 갑니까?

❼ 도착하면 가르쳐 주시지 않겠습니까?

❽ 어디에서 갈아타면 좋습니까?

word

❶ バス 버스

❸ 切符(きっぷ) 표, 승차권

❺ 往復(おうふく) 왕복 / 片道(かたみち) 편도

바스노 테-류-죠와 도꼬데스까
❶ バスの 停留所(ていりゅうじょ)は どこですか。

쿠-코-바스노 노리바와 도꼬데스까
❷ 空港(くうこう)バスの 乗(の)り場(ば)は どこですか。

깁뿌 우리바와 도꼬데스까
❸ 切符(きっぷ) 売(う)り場(ば)は どこですか。

~니 이끼따인데스가
❹ ～に 行(い)きたいんですが…。

오-후꾸료-낑와 이꾸라데스까
❺ 往復料金(おうふくりょうきん)は いくらですか。

고노바스와 ~에 이끼마스까
❻ (この バスは) ～へ 行(い)きますか。

쯔이따라 오시에떼구다사이마셍까
❼ 着(つ)いたら 教(おし)えてくださいませんか。

도꼬데 노리카에따라 이인데스까
❽ どこで 乗(の)り換(か)えたら いいんですか。

❼ 着(つ)く 도착하다
❽ 乗(の)り換(か)える 갈아타다

지하철 · 전철

❶ 지하철 노선도를 주십시오.

❷ 우에노까지 두 장 주십시오.

❸ 신주쿠에 가려면 어디서 타야 합니까?

❹ 어느 역에서 내려야 합니까?

❺ 신주쿠에서 섭니까?

❻ 죄송하지만, 도착하면 좀 알려 주세요.

❼ 어디서 갈아타야 됩니까?

❽ ~로 나가는 출구는 어느 쪽이죠?

word

❶ 地下鉄(ちかてつ) 지하철
路線図(ろせんず) 노선도
❸ 行(い)くには 가려면

지까떼쯔노 로센즈오 구다사이
❶ 地下鉄の 路線図を ください。
ちかてつ ろせんず

우에노마데 니마이 오네가이시마스
❷ 上野まで 2枚 お願いします。
うえの にまい ねが

신주꾸에 이꾸니와 도꼬데 노레바 이이데스까
❸ 新宿へ 行くには どこで 乗れば いいですか。
しんじゅく い の

도노 에끼데 오리레바 이인데스까
❹ どの 駅で おりれば いいんですか。
えき

신주꾸데 토마리마스까
❺ 新宿で 止まりますか。
しんじゅく と

스미마셍가 츠이따라 오시에떼구다사이
❻ すみませんが、着いたら 教えてください。
つ おし

도꼬데 노리카에따라 이인데스까
❼ どこで 乗り換えたら いいんですか。
の か

~에노 데구찌와 도치라데스까
❽ ～への 出口は どちらですか。
でぐち

❽ 出口(でぐち) 출구

장거리 열차

❶ 승차권 파는 곳은 어디입니까?

❷ 시각표 좀 보여 주시겠습니까?

❸ 편도(왕복)표 한 장 주십시오.

❹ ~까지는 어느 정도 걸립니까?

❺ 이 열차는 보통입니까, 급행입니까?

❻ 도중에서 내릴 수 있습니까?

❼ 식당차는 있습니까?

❽ 어디까지 가십니까?

word

❶ 乗車券(じょうしゃけん) 승차권
❷ 時刻表(じこくひょう) 시각표
❸ 片道(かたみち) 편도 / 往復(おうふく) 왕복

MP3 04-3

죠-샤켕 우리바와 도꼬데스까
❶ 乗車券 売り場は どこですか。
じょうしゃけん う ば

지꼬꾸효-오 미세떼이따다케마스까
❷ 時刻表を 見せていただけますか。
じこくひょう み

가따미찌(오-후꾸)깁뿌오 이찌마이 구다사이
❸ 片道(往復)切符を 1枚 ください。
かたみち おうふく きっぷ いちまい

~에와 도레구라이 카카리마스까
❹ ～へは どれぐらい かかりますか。

고레와 후쯔-데스까 큐-코-데스까
❺ これは 普通ですか、急行ですか。
ふつう きゅうこう

도쮸-데 게샤데끼마스까
❻ 途中で 下車できますか。
とちゅう げしゃ

븃훼와 아리마스까
❼ ビュッフェは ありますか。

도치라마데 이랏샤이마스까
❽ どちらまで いらっしゃいますか。

교통

❺ 普通(ふつう) 보통 / 急行(きゅうこう) 급행
❻ 途中(とちゅう)で 도중에 / 下車(げしゃ) 하차
❼ ビュッフェ 식당차(buffet)

택시

❶ 택시 승강장은 어디입니까?

❷ 택시를 불러 주시겠습니까?

❸ (주소 등을 보이면서) 여기로 가 주십시오.

❹ 9시까지 가야 합니다.

❺ 공항에 가야 합니다.

❻ 다음 교차로에서 우(좌)회전해 주세요.

❼ 다음 모퉁이에서 내려 주세요.

❽ 저 빌딩 앞에서 내려 주세요.

word

❶ タクシー 택시
❷ 呼(よ)ぶ 부르다
❺ 空港(くうこう) 공항

MP3 04-4

탁시-노리바와 도꼬데스까
❶ タクシー乗り場は どこですか。
のば

탁시-오 욘데 모라에마스까
❷ タクシーを 呼んで もらえますか。
よ

고꼬에 잇테구다사이
❸ ここへ 行ってください。
い

구지마데 이까나케레바 나라나인데스
❹ 9時まで 行かなければ ならないんです。
くじ い

쿠-코-니 이까나케레바 나라나인데스
❺ 空港に 行かなければ ならないんです。
くうこう い

츠기노 코-사뗑오 히다리(미기)니 마갓떼구다사이
❻ 次の 交差点を 左(右)に 曲がってください。
つぎ こうさてん ひだり みぎ ま

츠기노 카도데 오로시떼구다사이
❼ 次の 角で 降ろしてください。
つぎ かど お

아노 비루노 마에데 오로시떼구다사이
❽ あの ビルの 前で 降ろしてください。
まえ お

❻ 交差点(こうさてん) 교차로, 사거리
曲(ま)がる 돌다, 방향을 바꾸다
❼ 角(かど) 모퉁이 / 降(お)ろす 내리다, 내려놓다(他)

교통

1. 일본의 대표적인 숙박시설

종류	특징	장점
시티호텔	특급호텔이다. 가격이 비싸지만 역 주변에 있으므로 편리하게 이용할 수 있다.	특급호텔이므로 각종 편의시설을 이용할 수 있다.
비즈니스 호텔	료깐과 비슷하나 료깐보다는 서구적인 느낌이 강하다. 시티호텔보다 저렴한 곳을 찾는다면 무난하게 이용가능.	방마다 침대, TV, 전화 등의 시설이 갖추어져 있다.
료깐	전통 일본식이다. 보통 아침 식사가 제공되며 비용은 호텔과 비슷하다.	일본식 여관은 전통 다다미방으로 되어 있으며 후똥이라는 이불을 깔고 잔다. '유카타'라는 일본식 잠옷을 나눠준다.
민슈꾸	우리나라의 민박과 비슷하다.	일본적인 것을 맛볼 수 있는 것이 최대 장점
유스호스텔	일본 전역 청결 · 저렴 사전 예약 필수	공동생활하는 방식이므로 내외국인 친구와 사귈 수 있다.
캡슐호텔	독특한 일본의 숙박시설. 캡슐처럼 들어가 잠만 잘 수 있는 곳.	대부분 사우나를 겸하고 있기 때문에 숙박비를 내면 사우나를 무료로 이용.
게스트 하우스	싸다. 도쿄와 교또에 집중되어 있다.	외국인 배낭족이 주요고객

에어비앤비, 트립닷컴, 호텔스컴바인, 아고다닷컴 등 사이트에서 정보 확인후 미리 예약, 확인해두면 좋다.

가격
20,000~30,000엔 내외 여행사를 통해 단체로 가면 할인을 받을 수도 있다.
15,000엔 내외
10,000엔~
5,000~8,000엔 정도
2,000~3,000엔 정도 (계절에 따라 100~200엔 정도의 냉온방비를 따로 받기도 함)
5,000엔 정도
3,000~4,000엔 정도

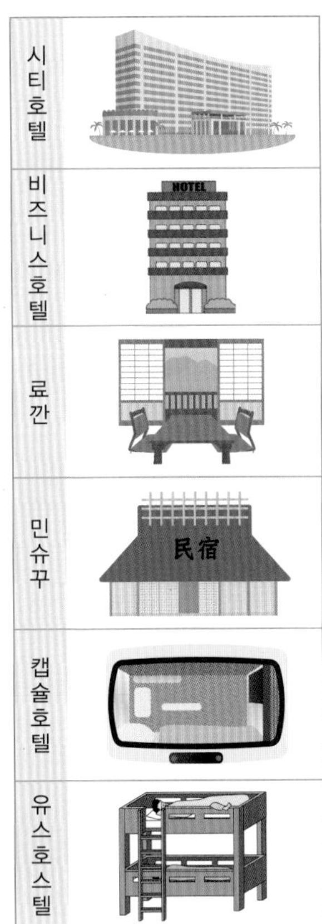

호텔

예약하기 ①

❶ 한국어를 할 수 있는 분은 있습니까?

❷ 오늘 밤 방을 예약하고 싶습니다만….

❸ 싱글룸을 하나 부탁합니다.

❹ 내일부터 3일간 / 4일간 / 일주일간

❺ 싱글룸을 하나 예약하고 싶은데요….

❻ 싱글룸은 1박에 얼마입니까?

❼ 성함을 말씀해 주세요.

❽ 잠시만 기다려 주십시오.

word

❷ 今夜(こんや) 오늘 밤 / 部屋(へや) 방
❹ 明日(あした) 내일 / 三日間(みっかかん) 3일간
❺ 一部屋(ひとへや) 방 하나

MP3 05-1

❶ 캉꼬꾸고가 하나세루 가따와 이마스까
韓国語(かんこくご)が 話(はな)せる 方(かた)は いますか。

❷ 콘야 헤야오 요야꾸시따인데스가
今夜(こんや) 部屋(へや)を 予約(よやく)したいんですが…。

❸ 싱구루오 히또헤야 오네가이시마스
シングルを 一部屋(ひとへや) お願(ねが)いします。

❹ 아시따까라 믹까깐 욕까깐 잇슈-깡
明日(あした)から 3日間(みっかかん) / 4日間(よっかかん) / 一週間(いっしゅうかん)

❺ 싱구루오 히또헤야 요야꾸시따인데스가
シングルを 一部屋(ひとへや) 予約(よやく)したいんですが…。

❻ 싱구루와 입빠꾸 이꾸라데스까
シングルは 一泊(いっぱく) いくらですか。

❼ 오나마에오 도-조
お名前(なまえ)を どうぞ。

❽ 쇼-쇼- 오마찌구다사이
少々 お待(ま)ちください。

호텔

❻ 一泊(いっぱく) 일박
❼ 名前(なまえ) 이름, 성함 (「お」가 붙으면 정중한 말)

예약하기 ②

❶ 김진수입니다.

❷ 전화번호는 112—1234입니다.

❸ 몇 시쯤 도착하십니까?

❹ 저녁 6시쯤 될 것 같습니다.

❺ 아침식사가 포함된 트윈룸을 부탁합니다.

❻ 1박에 얼마입니까?

❼ 비싸군요.

❽ 좀 더 싼 곳은 없습니까?

word

❷ 전화번호를 말할 때는 2(に) 5(ご)는 한 글자라도 니-, 고- 처럼 약간 길게 발음한다.

❸ 到着(とうちゃく) 도착

MP3 05-2

김진수데스
❶ 金ジンスです。
キム

뎅와방고-와 이찌이찌니-노 이찌니-상용데스
❷ 電話ばんごうは 112−1234です。
でんわ

고토-챠꾸와 난지고로니 나리마스까
❸ ご到着は 何時頃に なりますか。
とうちゃく なんじごろ

유-가따노 로꾸지고로니 나루또 오모이마스
❹ 夕方の 6時頃に なると 思います。
ゆうがた ろくじごろ おも

쵸-쇼꾸쯔끼노 츠인오 오네가이시마스
❺ 朝食付きの ツインを お願いします。
ちょうしょく つ ねが

입빠꾸 이꾸라데스까
❻ 1泊 いくらですか。
いっぱく

다까이데스네
❼ 高いですね。
たか

모-스꼬시 야스이 도코로와 아리마셍까
❽ もう少し 安い 所は ありませんか。
すこ やす ところ

호텔

❹ 夕方(ゆうがた) 저녁 / 頃(ごろ) 경, 쯤
❺ 朝食(ちょうしょく) 아침식사, 조식
❼ 高(たか)い 비싸다 ↔ 安(やす)い 싸다

예약 및 변경

❶ 예약을 하지 않았습니다.

❷ 오늘 밤 빈 방 있습니까?

❸ 그럼, 그것으로 부탁합니다.

❹ 공교롭게도 오늘 밤은 만실입니다.

❺ 예약을 취소하고 싶은데요.

❻ 예정보다 하루 빨리 출발하고 싶은데요.

❼ 1박 더 하고 싶은데요.

❽ 추가 요금은 얼마입니까?

word

❷ 空(あ)く 비다
❸ お願(ねが)いします 부탁합니다
❹ 満室(まんしつ) 만실

MP3 05-3

요야꾸오 시떼이마셍
❶ 予約を していません。
よやく

콘야 헤야와 아이떼이마스까
❷ 今夜 部屋は 空いていますか。
こんや へや あ

데와 소레데 오네가이시마스
❸ では、それで お願いします。
ねが

아이니꾸 콘야와 만시쯔데스
❹ あいにく 今夜は 満室です。
こんや まんしつ

호텔

요야꾸오 캰세루시따인데스가
❺ 予約を キャンセルしたいんですが。
よやく

요떼-요리 이찌니찌하야꾸 슛빠츠시따인데스가
❻ 予定より 一日早く 出発したいんですが。
よてい いちにちはや しゅっぱつ

모- 입빠꾸시따인데스가
❼ もう 1泊したいんですが。
いっぱく

쯔이까료-낑와 이꾸라데스까
❽ 追加料金は いくらですか。
ついかりょうきん

❻ 一日(いちにち)早(はや)く 하루 빨리
出発(しゅっぱつ) 출발
❽ 追加料金(ついかりょうきん) 추가요금

체크인

❶ 체크인을 부탁합니다.

❷ 예약하셨습니까?

❸ 네, 전화로 예약했습니다.

❹ 예, 관광안내소에서 예약했습니다.

❺ 성함을 말씀해 주십시오.

❻ 김미라입니다.

❼ 카드 기입과 사인을 부탁합니다.

❽ 포터가 방까지 안내해 드리겠습니다.

word

❶ チェックイン 체크인(check in)
❹ 観光案内所(かんこうあんないじょ) 관광안내소
❼ 記入(きにゅう) 기입(여기서 카드는 숙박카드)

❶ 첵쿠인오 오네가이시마스
チェックイン를 お願いします。
ねが

❷ 요야꾸와 나삿떼이마스까
予約は なさっていますか。
よ やく

❸ 하이 뎅와데 요야꾸시마시따
はい、電話で 予約しました。
でん わ よ やく

❹ 하이 캉꼬-안나이죠데 요야꾸시마시따
はい、観光案内所で 予約しました。
かんこうあんないじょ よ やく

❺ 오나마에오 도-조
お名前を どうぞ。
な まえ

❻ 김미라데스
金ミラです。
キム

❼ 카-도노 고키뉴-또 사잉오 오네가이시마스
カードの ご記入と サインを お願いします。
き にゅう ねが

❽ 포-타-가 오헤야마데 고안나이이따시마스
ポーターが お部屋まで ご案内いたします。
へ や あんない

❽ ポーター 포터(porter)
案内(あんない) 안내

체크인하면서

❶ 방까지 짐을 옮겨 주시겠습니까?

❷ 아침식사는 몇 시부터입니까?

❸ 귀중품을 맡아 주시겠습니까?

❹ 사용법을 가르쳐 주십시오.

❺ 방 열쇠를 하나 더 얻을 수 있습니까?

❻ 체크아웃은 몇 시까지입니까?

❼ 오후 2시까지입니다.

❽ 방을 바꾸고 싶습니다만….

word

❶ 運(はこ)ぶ 옮기다
❸ 貴重品(きちょうひん) 귀중품
❹ 使(つか)い方(かた) 사용법

헤야마데 니모쯔오 하꼰데이따다케마스까
❶ 部屋まで 荷物を 運んでいただけますか。
へや にもつ はこ

쵸-쇼꾸와 난지까라데스까
❷ 朝食は 何時からですか。
ちょうしょく なんじ

기쵸-힝오 아즈깟떼이따다케마스까
❸ 貴重品を 預かっていただけますか。
きちょうひん あず

쯔까이까따오 오시에떼구다사이
❹ 使い方を 教えてください。
つか かた おし

헤야노 카기오 모-히또쯔 이따다케마셍까
❺ 部屋の 鍵を もう一つ いただけませんか。
へや かぎ

첵꾸아우또와 난지마데데스까
❻ チェックアウトは 何時までですか。
なんじ

고고 니지마데데스
❼ 午後 2時までです。
ごご にじ

헤야오 가에떼이따다키따인데스가
❽ 部屋を 替えていただきたいんですが…。
へや か

❺ 鍵(かぎ) 열쇠, 키
❻ チェックアウト 체크아웃(check out)
❼ 午後(ごご) 오후 ↔ 午前(ごぜん) 오전

메시지 확인

❶ 저한테 온 메시지는 없습니까?

❷ 손님 Box에는 메시지가 없습니다.

❸ 저 앞으로 팩스 온 거 없어요?

❹ 저한테 (무슨) 연락 온 것 없습니까?

❺ 방이 몇 호실이시죠?

❻ 402호실인데요.

❼ 예, 메시지가 두 개 있습니다.

❽ 아, 네, 고마워요.

word

❶ メッセージ 메시지(message)
❷ ファックス 팩스(fax)
❼ 伝言(でんごん) 메모, 연락사항

와따시니 멧세-지와 키떼이마셍까
① 私に メッセージは 来ていませんか。
わたし き

오캬쿠사마노 복꾸스니 고뎅공와 고자이마셍
② お客様の ボックスに ご伝言は ございません。
きゃくさま でんごん

와따시아떼니 확꾸스와 아리마셍데시따까
③ 私あてに ファックスは ありませんでしたか。
わたし

와따시니 나니까 렌라꾸와 키떼이마셍까
④ 私に 何か 連絡は 来ていませんか。
わたし なに れんらく き

헤야와 난고-시츠데스까
⑤ 部屋は 何号室ですか。
へ や なんごうしつ

욘하꾸니고-시츠데스
⑥ 402号室です。
ごうしつ

하이 뎅공가 후타츠 고자이마스
⑦ はい、伝言が 2つ ございます。
でんごん ふたつ

아 도-모
⑧ あ、どうも。

* 보통 호텔에서는 메시지나 팩스 등 연락사항이 있으면 방으로 갖다주지만, 확인하고 싶을 때는 위와 같이 물어보면 된다.

호텔방에서

❶ 타올이 없어요.

❷ (필요한 것이 없을 때) 비누하고 샴푸를 갖다 주시겠습니까?

❸ 대단히 죄송합니다.

❹ 바로 갖다드리겠습니다.

❺ 뜨거운 물이 안 나와요.

❻ 에어컨 (난방)이 안 돼요.

❼ 방을 바꾸고 싶은데요.

❽ 키를 방에 놓고 왔어요.

word

❶ タオル 타올, 수건
❷ せっけん 비누

MP3 05-7

타오루가 아리마셍
❶ タオルが ありません。

셋껜토 샴푸-오 구다사이마스까
❷ せっけんと シャンプーを くださいますか。

타이헨 모-시와케고자이마셍
❸ たいへん 申(もう)しわけございません。

스구니 못떼이까세마스
❹ すぐに 持(も)って行(い)かせます。

오유가 데마셍
❺ お湯(ゆ)が 出(で)ません。

쿠-라- 단보-가 키카나인데스요
❻ クーラー(暖房(だんぼう))が きかないんですよ。

헤야오 카에타인데스가
❼ 部屋(へや)を 替(か)えたいんですが。

카기오 헤야니 오이떼키마시따
❽ かぎを 部屋(へや)に 置(お)いて来(き)ました。

호텔

❺ お湯(ゆ) 뜨거운 물(마시는 물은 오미즈, 또는 오히야(냉수)라고 한다.)

❻ クーラー 에어컨, 냉방

룸서비스

❶ 드라이 클리닝 서비스는 있습니까?

❷ 언제 됩니까? (받을 수 있습니까?)

❸ 가능하면 내일 아침까지 갖다주세요.

❹ 여보세요, 세탁물이 아직 안 왔는데요….

❺ 제 숙박료에 달아 주세요.

❻ 콜렉트 콜이 가능합니까?

❼ 한국의 서울인데요.

❽ 전화번호는 332—8320입니다.

word

❶ 洗濯(せんたく)サービス(세탁서비스)라고도 한다.
❷ できあがる 완성되다, 다 되다

MP3 05-8

① 쿠리-닝구 사-비스와 아리마스까
クリーニング サービスは ありますか。

② 이츠 데끼아가리마스까
いつ できあがりますか。

③ 데끼레바 아시따노 아사마데니 오네가이시마스
できれば あしたの 朝(あさ)までに お願(ねが)いします。

④ 스미마셍 센타꾸모노가 모도라나이노데스가
すみません、洗濯物(せんたくもの)が 戻(もど)らないのですが。

⑤ 와따시노 슈꾸하꾸료-니 쯔께떼오이떼구다사이
私(わたし)の 宿泊料(しゅくはくりょう)に つけておいてください。

⑥ 코레쿠토코-루가 데끼마스까
コレクトコールが できますか。

⑦ 캉꼬꾸노 소우루데스
韓国(かんこく)の ソウルです。

⑧ 뎅와방고-와 상상니-노 하치상니-제로데스
電話番号(でんわばんごう)は 332(さんさんに) - 8320(はちさんにゼロ)です。

③ できれば 가능하면
⑥ コレクトコール 콜렉트콜(collect call), 수신자 요금 부담전화

호텔

프론트에서

❶ 이 부근에 백화점이 있습니까?

❷ 어떻게 가면 좋습니까?

❸ 지도를 그려 주시겠어요?

❹ 가장 가까운 약국에 / 편의점에

❺ 가는 방법을 알려 주세요.

❻ 거기까지 걸어갈 수 있습니까?

❼ 어느 정도 걸립니까?

❽ 만 엔 짜리를 잔돈으로 바꿔 주시겠어요?

word

❶ 辺(へん) 주변, 근처

❸ 地図(ちず) 지도(약도를 그려 달라고 할 때 이렇게 말하면 된다.)

地図(ちず)を描(か)く 지도를 그리다

MP3 05-9

고노 헨니 데파-또와 아리마스까
❶ この 辺(へん)に デパートは ありますか。

도- 이께바 이인데스까
❷ どう 行けば いいんですか。

치즈오 가이떼구다사이마스까
❸ 地図(ちず)を 描(か)いてくださいますか。

이치방 치까이 구스리야에노 콘비니에노
❹ いちばん 近い 薬屋(くすりや)への / コンビニへの

이키까따오 오시에떼구다사이
❺ 行(い)き方を 教(おし)えてください。

소꼬마데 아루이떼 이께마스까
❻ そこまで 歩(ある)いて 行(い)けますか。

도레구라이 카카리마스까
❼ どれぐらい かかりますか。

이찌망엔사쯔오 구즈시떼 모라에마셍까
❽ 一万円札(いちまんえんさつ)を くずして もらえませんか。

호텔

❹ 薬屋(くすりや) 약국 / コンビニ 편의점
❽ 札(さつ) 지폐
くずす(큰 돈을 잔돈으로) 바꾸다, 헐다

체크아웃 ①

❶ 지금 체크아웃을 하고 싶은데요.

❷ 방 키를 주시겠습니까?

❸ 지불은 어떻게 하시겠습니까?

❹ 현금으로 하시겠습니까?

❺ 아니면 카드로 하시겠습니까?

❻ 현금으로 (지불)하겠습니다.

❼ 신용카드는 사용할 수 있습니까?

❽ (카드를 보이며) 이것, 쓸 수 있나요?

word

❸ 支払(しはら)う 지불하다

❹ 現金(げんきん) 현금

MP3 05-10

이마 첵꾸아우또오 시따이노데스가
❶ 今 チェックアウトを したいのですが。
いま

오헤야노 카기오 이따다케마스까
❷ お部屋の かぎを いただけますか。

오시하라이와 도노요-니 나사이마스까
❸ お支払いは どのように なさいますか。
し はら

겡낑바라이데스까
❹ 現金払いですか。
げんきん

소레토모 쿠레짓또카-도데스까
❺ それとも クレジットカードですか。

겡낑데 오네가이시마스
❻ 現金で お願いします。
げんきん ねが

쿠레짓또카-도와 쯔까에마스까
❼ クレジットカードは 使えますか。

고레 쯔까에마스까
❽ これ、使えますか。

호텔

체크아웃 ②

❶ 예, 물론입니다.

❷ 여기 사인 부탁드립니다.

❸ 청구서를 확인 바랍니다.

❹ 맞는 것 같은데요.

❺ 계산서가 틀린 것 같은데요….

❻ 저는 위스키는 마시지 않았는데요.

❼ 방에 카메라를 두고 온 것 같습니다.

❽ 1시까지 짐을 맡겨도 괜찮겠습니까?

word

❸ 請求書(せいきゅうしょ) 청구서
❹ 問題(もんだい)ない 문제없다
❺ 勘定書(かんじょうしょ) 계산서

MP3 05-11

하이 모치론데스
❶ はい、もちろんです。

고꼬니 사인오 오네가이시마스
❷ ここに サインを お願(ねが)いします。

세-큐-쇼오 고카쿠닝구다사이
❸ 請求書(せいきゅうしょ)を ご確認(かくにん)ください。

몬다이나이요-데스
❹ 問題(もんだい)ないようです。

칸죠-쇼가 마치갓떼이루요-데스가
❺ 勘定書(かんじょうしょ)が まちがっているようですが…。

와따시와 위스키-와 논데이마셍
❻ 私(わたし)は ウィスキーは 飲(の)んでいません。

헤야니 카메라오 와스레떼 키따요-데스
❼ 部屋(へや)に カメラを 忘(わす)れて きたようです。

이찌지마데 니모쯔오 아즈께떼모 카마이마셍까
❽ 1時(いちじ)まで 荷物(にもつ)を 預(あず)けても かまいませんか。

❻ 飲(の)む 마시다
❼ 忘(わす)れる 잊어버리다
❽ 預(あず)ける 맡기다

호텔

필수 어휘

호텔에서 쓰이는 말들

계산서	勘定書(かんじょうしょ)	칸죠-쇼
룸 서비스	ルームサービス	루-무사-비스
만실	満室(まんしつ)	만시츠
모닝콜	モーニングコール	모-닝구코-루
방	部屋(へや)	헤야
방 번호	ルームナンバー	루-무남바-
방 열쇠	ルームキー	루-무키-
비다	空(あ)く	아쿠
사용법	使(つか)い方(かた)	츠까이카타
선금	前金(まえきん)	마에킹
서비스료	サービス料(りょう)	사비스료-

싱글룸	シングル(ルーム)	싱구루(루-무)
세탁 서비스	洗濯(せんたく)サービス	센타쿠사-비스
안내원	案内員(あんないいん)	안나이잉
열쇠	鍵(かぎ)	카기
예약	予約(よやく)	요야꾸
이틀	二日(ふつか)	후츠까
1박 2일	1泊2日(いっぱくふつか)	입빠꾸후츠까
2박 3일	2泊3日(にはくみっか)	니하꾸믹까
접수처	受(う)け付(つ)け	우케츠께
지배인	支配人(しはいにん)	시하이닌
짐	荷物(にもつ)	니모쯔
청소	掃除(そうじ)	소-지
트윈룸	ツイン(ルーム)	츠인(루-무)
포터	ポーター	포-타-
프런트	フロント	후론토
체크아웃	チェックアウト	첵꾸아우또
체크인	チェックイン	첵꾸인
취소(캔슬)	キャンセル	캰세루
하루	一日(いちにち)	이치니치
호텔	ホテル	호테루

생생미니여행정보 식사

1. 여행에서 빼놓을 수 없는 즐거움, 맛있는 일본요리

이름	특징
니모노	다시마나 가다랭이포 국물에 육류, 어패류, 등을 넣고 조린 요리. 반찬과 술안주 용.
덴푸라	해산물이나 야채 등의 재료에 계란을 섞어서 밀가루에 반죽해 식용유에 튀긴 것.
라멘	일본의 라멘은 인스턴트 식품이 아니고 중국식 밀가루 국수를 간장이나 된장으로 양념한 국물에 말아서 먹는다. 얇게 저민 돼지 고기, 콩나물, 중국 죽순 등을 국물에 곁들여 먹기도 한다.
사시미	자연 그대로의 맛을 볼 수 있는 생선회. 포를 뜨는 방법에 따라서 그 종류가 다양하고 특히 일본인들은 마구로(참치)회를 즐겨 먹는다. 사시미는 간장과 와사비, 야쿠미 등의 양념에 찍어 먹는다.
소바	소바가루에 계란이나 마, 밀가루를 넣어서 반죽한 국수요리. 우리나라의 메밀국수는 '자루소바'라고 한다.

스노모노	설탕 · 식초 등을 넣어 새콤하게 무친 초무침 요리. 서양의 샐러드와 비슷하다.
스이모노	장국과 된장국으로 대표되는 국.
스끼야키	간장과 청주, 설탕 등의 양념에 얇게 저민 연한 고기와 두부, 버섯, 파 등을 넣어 끓인다. 계란 노른자에 찍어 먹기도 한다.
쓰키다시	본요리가 나오기 전에 식욕을 촉진시키기 위해서 제공되는 음식. 계절이나 본요리에 따라서 생선, 미역, 해삼, 달걀, 두부, 죽순 등 다양하다.
야키모노	석쇠나 철판, 꼬챙이 등에 구운 요리로 종류가 다양하다. 양념 없이 불에 직접 구운 다음 양념 간장을 곁들이는 시라야키, 간장을 발라서 굽는 데리야키, 소금을 뿌려서 굽는 시오야키 등이 있다

2. 나를 돋보이게 하는 세련된 식사매너

- 식당에 가면 '오시보리'라고 하는 물수건이 비닐 봉지에 담겨 있거나 작은 받침 그릇에 놓여 있는데 이것으로 식사하기 전에 손을 닦는다. 겨울에는 따뜻한 물수건이 나온다. 1회용 부직포로 만든 앞치마를 주는 곳도 있다.
- 일본 식당에서는 식사할 때 숟가락을 쓰지 않는다. 특히 국은 그릇을 왼손으로 들고 오른손 젓가락으로 가볍게 저어가며 먹는다.
- 요리를 감상하는 마음으로 즐기면서 먹는 것이 포인트.
- 일본 음식은 그 모양을 중시하는 경향이 있기 때문에 섞어서 먹는 습관이 없다.
- 상대방이 음식을 대접해 주는 경우라면 가능하면 남기지 않는 것이 좋다.

☆군것질 거리

- 야끼토리:닭고기와 채소를 구운 꼬치요리
- 오코노미야끼:물과 달걀에 갠 밀가루에 채소나 고기 등을 섞어 부쳐 먹는 일종의 부침개.
- 다꼬야끼:잘게 썬 문어를 양념한 밀가루에 섞어서 완자로 만든 다음, 구워서 소스를 발라 먹는다.

음식점 찾기

❶ 일본 음식이 먹고 싶은데요.

❷ 맛있는 레스토랑이 있습니까?

❸ 이 근처에 있습니까?

❹ 그 레스토랑은 비쌉니까?

❺ 가는 방법을 가르쳐 주십시오.

❻ 뭐가 맛있어요?

❼ 지금 열려 있는 식당이 있을까요?

❽ 간단한 식사를 할 수 있는 곳.

word

❶ '일식'이란 뜻으로 和食(わしょく)라고도 한다.
❸ 近(ちか)く 근처 / 遠(とお)く 먼 곳, 멀리
❺ 行(い)き方(かた) 가는 방법

MP3 06-1

니혼료-리가 다베따인데스가
❶ 日本料理が 食べたいんですが。
にほんりょうり た

오이시이 레스토랑와 아리마스까
❷ おいしい レストランは ありますか。

고노 치까꾸니 아리마스까
❸ この 近くに ありますか。
ちか

소노 레스토랑와 다카이데스까
❹ その レストランは 高いですか。
たか

이키까따오 오시에떼구다사이
❺ 行き方を 教えてください。
い かた おし

나니가 오이시이데스까
❻ 何が おいしいですか。
なに

이마 아이떼이루 레스토랑와 아리마스까
❼ 今 開いている レストランは ありますか。
いま あ

간딴나 쇼쿠지가 데끼루 도코로
❽ 簡単な 食事が できる ところ
かんたん しょくじ

❽ 簡単(かんたん)な 간단한

식사

음식점에 들어가면서

❶ 지금 식사 됩니까?

❷ 몇 분이십니까?

❸ 네 사람입니다.

❹ 잠시 기다려 주시겠습니까?

❺ 얼마나 기다려야 합니까?

❻ 창가 자리를 부탁합니다.

❼ 금연석으로 해 주세요.

❽ 흡연석으로 해 주세요.

word

❶ 食事(しょくじ) 식사

❸ 一人(ひとり) 한 사람 / 二人(ふたり) 두 사람
三人(さんにん) 세 사람 / 四人(よにん) 네 사람

MP3 06-2

이마 쇼꾸지와 데키마스까
❶ 今 食事は できますか。
いま しょくじ

난메이사마데고자이마스까 난메이사마데스까
❷ 何名様でございますか。(= 何名様ですか。)
なんめいさま なんめいさま

요닝데스
❸ 四人です。
よにん

쇼-쇼- 오마찌이따다케마스까
❹ 少々 お待ちいただけますか。
しょうしょう ま

도레구라이 마따나케레바 나리마셍까
❺ どれぐらい 待たなければ なりませんか。
ま

식사

마도가와노 세키오 오네가이시마스
❻ 窓がわの 席を お願いします。
まど せき ねが

킹엥세키니 시떼구다사이
❼ 禁煙席に してください。
きんえんせき

키츠엥세키니 시떼구다사이
❽ 喫煙席に してください。
きつえんせき

❻ 窓側(まどがわ) 창가
❼ 禁煙席(きんえんせき) 금연석
❽ 喫煙席(きつえんせき) 흡연석

주문하기 ①

❶ 여기, 주문받으세요.

❷ 메뉴(판)를 주시겠습니까?

❸ 추천요리는 무엇입니까?

❹ 이것은 어떤 요리입니까?

❺ (메뉴판을 가리키면서) 이걸로 주십시오.

❻ (음식을 가리키며) 저것과 같은 것으로 주십시오.

❼ 물 한 잔 주시겠습니까?

❽ 주문을 바꿔도 됩니까?

word

❶ 注文(ちゅうもん) 주문
❷ メニュー 메뉴(menu)
❻ 同(おな)じ 같음, 같은

MP3 06-3

스미마셍 츄-몽 오네가이시마스
❶ すみません。注文(ちゅうもん) お願(ねが)いします。

메뉴-오 이따다케마스까
❷ メニューを いただけますか。

오스스메와 난데스까
❸ おすすめは 何(なん)ですか。

고레와 돈나 모노데스까
❹ これは どんな ものですか。

고레오 구다사이
❺ これを ください。

아레또 오나지모노오 구다사이
❻ あれと 同(おな)じものを ください。

오미즈오 입빠이 이따다케마스까
❼ おみずを 一杯(いっぱい) いただけますか。

츄-몽오 가에떼모 이-데스까
❽ 注文(ちゅうもん)を 変(か)えても いいですか。

❼ お水(みず) 물 / おしぼり 물수건
❽ 変(か)える 바꾸다

식사

주문하기 ②

❶ (고기는) 어떻게 구워 드릴까요?

❷ 스테이크는 어떻게 해 드릴까요?

❸ 잘 익혀 주세요.

❹ well-done으로 / rare로 / medium으로

❺ 고추냉이는 조금만 넣어 주세요.

❻ 와, 맛있다!

❼ 이건 처음 먹어봐요.

❽ 아담하고, 분위기도 좋네요.

word

❶ 焼(や)き方(かた) 굽는 방법, 굽는 정도
❷ 好(この)む 좋아하다, 즐기다
❺ わさび 고추냉이, 와사비

MP3 06-4

야키카따와 도-시마쇼-까
❶ 焼き方は どうしましょうか。
や かた

돈나 스테-키가 오코노미데스까
❷ どんな ステーキが お好みですか。
この

요꾸 야이떼구다사이
❸ よく 焼いてください。
や

웨루단데 레아데 미디아무데
❹ ウェルダンで / レアで / ミディアムで

와사비와 스꼬시다케 이레떼구다사이
❺ ワサビは 少しだけ 入れてください。
すこ い

우와 오이시-
❻ うわ～。おいしい!

고레와 하지메떼데스
❼ これは はじめてです。

고진마리또시떼 훈이키모 이-데스네
❽ こぢんまりとして 雰囲気も いいですね。
ふん い き

식사

❻ おいしい 맛있다
❼ はじめて 처음
❽ 雰囲気(ふんいき) 분위기 (말할 때 ふいんき로 발음하는 경우가 많다.)

식사중에

❶ 먹는 법을 가르쳐 주십시오.

❷ 접시를 하나 더 주시겠습니까?

❸ 요리가 아직 나오지 않았습니다만….

❹ 이건 주문하지 않았는데요….

❺ 이것은 제가 주문한 것이 아닙니다만….

❻ 저어, 좀 더 먹을 수 있습니까?

❼ 이것을 치워 주십시오.

❽ 죄송합니다. 컵을 깨 버렸습니다.

word

❶ 食(た)べ方(かた) 먹는 방법
❷ お皿(さら) 접시
❸ 来(く)る 오다

MP3 06-5

다베까따오 오시에떼구다사이
❶ 食べ方を 教えてください。
た かた おし

오사라오 모-이찌마이 이따다케마스까
❷ おさらを もう1枚 いただけますか。
いちまい

료-리가 마다 키떼이마셍가
❸ 料理が まだ 来ていませんが…。
りょうり き

고레와 츄-몽시떼이마셍가
❹ これは 注文していませんが…。
ちゅうもん

고레와 와따시가 츄-몽시따모노또 치가이마스가
❺ これは 私が 注文したものと 違いますが…。
わたし ちゅうもん ちが

아노- 오까와리데끼마스까
❻ あの一、おかわりできますか。

고레오 사게떼구다사이
❼ これを 下げてください。
さ

스미마셍 구라스오 왓떼시마이마시따
❽ すみません。グラスを 割ってしまいました。
わ

식사

❺ 違(ちが)う 다르다
❼ 下(さ)げる 치우다
❽ 割(わ)る 깨다

지불하기

❶ 계산해 주세요. (계산 부탁합니다.)

❷ 영수증 좀 주시겠어요?

❸ 각자 계산하고 싶습니다만….

❹ 같이 계산해 주세요.

❺ 오늘은 제가 내겠습니다.

❻ 신용카드로 지불할 수 있습니까?

❼ 계산이 안 맞는 것 같은데요.

❽ 거스름돈이 맞지 않는데요.

word

❶ お勘定(かんじょう) 계산
❷ レシート 영수증
❸ 別々(べつべつ)に 따로따로

MP3 06-6

오칸죠-오 오네가이시마스
❶ お勘定(かんじょう)を お願(ねが)いします。

레시-토오 이따다케마스까
❷ レシートを いただけますか。

베쯔베쯔니 하라이따인데스가
❸ 別々(べつべつ)に 払(はら)いたいんですが…。

잇쇼니 칸죠-시떼구다사이
❹ 一緒(いっしょ)に 勘定(かんじょう)してください。

쿄-와 와따시가 오고리마스
❺ 今日(きょう)は 私(わたし)が おごります。

쿠레짓또카-도데 하라에마스까
❻ クレジットカードで 払(はら)えますか。

카이케-가 앗떼이나이요-데스가
❼ 会計(かいけい)が 合(あ)っていないようですが。

오쯔리가 앗떼이마셍가
❽ おつりが 合(あ)っていませんが。

❻ 払(はら)う 지불하다
❼ 会計(かいけい) 계산, 합계금액
❽ おつり 잔돈, 거스름돈

식사

술집에서

❶ 일단 맥주를 두 병 주십시오.

❷ 칵테일은 있습니까?

❸ 블렌드는 (있습니까)?

❹ 안주는 있습니까?

❺ (메뉴를 가리키며) 이것하고 이것 주세요.

❻ 물수건 좀 주세요.

❼ 물 한 잔 주세요.

❽ 여기, 계산 부탁합니다.

word

❶ ビール 맥주
❷ カクテル 칵테일(cocktail)
❸ ブレンド 블렌드(blend) *브랜드는 ブランド라고 한다.

MP3 06-7

토리아에즈 비-루오 니홍 구다사이
❶ とりあえず ビールを 2本(にほん) ください。

카쿠테루와 아리마스까
❷ カクテルは ありますか。

브렌도와
❸ ブレンドは(↗)。

오쯔마미와 아리마스까
❹ おつまみは ありますか。

고레또 고레오 구다사이
❺ これと これを ください。

오시보리오 오네가이시마스
❻ おしぼりを お願(ねが)いします。

오미즈오 입빠이 오네가이시마스
❼ お水(みず)を 一杯(いっぱい) お願(ねが)いします。

오칸죠- 오네가이시마스
❽ お勘定(かんじょう) お願(ねが)いします。

*보통 おさけ(오사케)라고 하면 일본술(日本酒 니혼슈 정종)을 말한다.

패스트푸드점에서

❶ 어서 오십시오.

❷ 햄버거 A세트 하나 주세요.

❸ 콜라를 / 커피를 주세요.

❹ 사이즈는 뭘로 하시겠습니까?

❺ 여기서 드실 겁니까?

❻ 가져가실 겁니까?

❼ 여기서 먹을 겁니다.

❽ 가져갈 겁니다.

word

❷ ハンバーガー 햄버거
❹ サイズ 사이즈
❺ 召(め)し上(あ)がる 드시다 (「お+ます형 +ですか」형태로 쓰임)

MP3 06-8

이랏샤이마세
❶ いらっしゃいませ。

함바-가-에-셋또 히토쯔 구다사이
❷ ハンバーガーAセット 1つ ください。
ひと

코-라오 코-히-오 구다사이
❸ コーラを / コーヒーを ください。

도노 사이즈니 나사이마스까
❹ どの サイズに なさいますか。

고꼬데 오메시아가리데스까
❺ ここで お召し上がりですか。
め あ

오모찌카에리데스까
❻ お持ち帰りですか。
も かえ

고꼬데 다베마스
❼ ここで 食べます。
た

모찌카에리마스
❽ 持ち帰ります。
も かえ

❻ 持(も)ち帰(かえ)る 가져가다 = テークアウト(takeout)

식사와 음료

국수	そば	소바
과일	果物(くだもの)	구다모노
계란	卵(たまご)	다마고
냉커피	アイスコーヒー	아이스코-히-
돼지고기	豚肉(ぶたにく)	부따니꾸
닭고기	とりにく	토리니꾸
디저트	デザート	데자-토
뜨거운 커피	ホットコーヒー	홋또코-히-
라면	ラーメン	라-멘
맥주	ビール	비-루
면류	麺類(めんるい)	멘루이
메밀국수	ざるそば	자루소바
백반	定食(ていしょく)	테-쇼쿠
병	瓶(びん)	빙
병따개	栓抜き(せんぬき)	센누키
빵	パン	팡
생선	魚(さかな)	사까나
생맥주	生(なま)ビール	나마비-루
소고기	牛肉(ぎゅうにく)	규-니꾸
식당	食堂(しょくどう)	쇼쿠도-

식사	食事(しょくじ)	쇼쿠지
스프	スープ	스-프
아침	朝(あさ)ご飯(はん)	아사고항
우동	うどん	우동
일회용 앞치마	使(つか)い捨(す)てエプロン	츠까이스떼에프론
물	お水(みず)	오미즈
물수건	おしぼり	오시보리
음료수	飲(の)み物(もの)	노미모노
우유	牛乳(ぎゅうにゅう)	규-뉴-
	ミルク	미루쿠
일본요리	日本料理(にほんりょうり)	니홍료-리
조식	朝食(ちょうしょく)	쵸-쇼쿠
중화요리	中華料理(ちゅうかりょうり)	츄-까료-리
점심(중식)	昼食(ちゅうしょく)	츄-쇼쿠
저녁(석식)	夕食(ゆうしょく)	유-쇼쿠
주스	ジュース	쥬-스
칵테일	カクテル	카쿠테루
커피숍	喫茶店(きっさてん)	킷사텡
프랑스요리	フランス料理(りょうり)	후란스료-리
한국요리	韓国料理(かんこくりょうり)	캉꼬꾸료-리
회	おさしみ	오사시미

간장	醤油(しょうゆ)	쇼-유
고추장	とうがらしみそ	토-가라시미소
귤	みかん	미깡
된장	みそ	미소
사과	りんご	링고
소금	塩(しお)	시오
설탕	砂糖(さとう)	사토-
조미료	調味料(ちょうみりょう)	쵸-미료-
후추가루	こしょう	코쇼-
포도	ぶどう	부도-

맛

달다	甘(あま)い	아마이
맛있다	おいしい	오이시이
맛없다	まずい	마즈이
맵다	辛(から)い	카라이
쓰다	にがい	니가이
싱겁다	うすい	우스이
짜다	しおからい	시오카라이

이런 간판, 이런 음식

コーヒーショップ(커피숍)

주로 체인점. 300엔~500엔 정도면 레귤러커피를 마실 수 있다. 셀프서비스로, 카운터만 있는 가게도 있다.

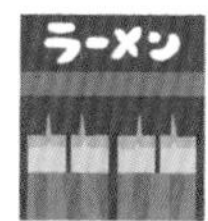

ラーメン屋(라면야)

가게나 지역에 따라 맛에도 특색이 있고, 가격은 700엔~800엔 정도가 중심. 줄을 서서 먹어야 하는 인기 가게도 적지 않다.

焼肉屋(야키니쿠야)

간판에 나와있는 가격은 1인분이 기준이지만, 한국의 1인분보다는 양이 훨씬 적다. 김치나 반찬도 별도요금을 내야하므로 주의!

喫茶店(킷사텡)

커피값은 대개 400엔~500엔 정도. 점심은 '런치세트'라는 메뉴로 경양식이 음료와 함께 제공된다. 카페에 따라 카페라떼 한 잔에 600엔 이상 하는 곳도 있다.

居酒屋(이자카야)

체인점으로 된 곳은 가격이 싸고, 안주나 식사 종류도 다양하다.

そば, うどん屋(소바, 우동야)

1000엔 정도면 해결되므로, 부담없이 들어갈 수 있다. *최근에 가격이 조금씩 오르고 있는 추세다. 한국의 물가와 거의 비슷한 금액대로 볼 수 있다.

1. 도쿄에서 놓칠 수 없는 유명한 쇼핑 장소

● 대형전자상가로 유명한 아끼하바라(秋葉原) 

전자상가로 유명한 아끼하바라는 아끼하바라역에서 내리면 되고, 카메라는 전문매장인 요도바시카메라(ヨドバシカメラ)나 사꾸라야(さくらや)라는 간판이 걸려 있는 체인점을 찾아가면 된다. 요도바시 카메라와 사꾸라야의 본점은 신주꾸역 근처에 있다. 아끼하바라에서도 카메라를 취급하고 있으므로 일단 아끼하바라를 둘러보고 나서 가격을 알아보고 구입하는 것이 좋다. 특히 전자제품은 주파수가 안맞아 한국에서 쓸 수 없는 것도 있으므로, 한국에서도 쓸 수 있는지 AS는 어디서 받을 수 있는지도 알아보고 나서 구입한다.

● 대형서점 기노쿠니야 · 야에스북센터 · 산세이도 

신주꾸역에 있는 기노쿠니야(紀伊国屋), 도쿄역에 있는 야에스북센터(八重洲ブックセンター), 간다(神田)역에 있는 산세이도(三省堂)가 대표적인 대형서점이다.

● 일본에서 가장 싼 문구 백화점 세까이도(世界堂) 

신주꾸의 기노쿠니야에서 5분쯤 큰길을 따라 걸어 내려가면 세까이도가 보인다. 백화점 건물 한 동 전체가 제도 · 미술 · 만화 용구만 취급하고 있다. 물건값은 표시가의 20%를 할인해서 판다.

● 갓빠바시도오리 

아사쿠사도오리와 갓빠바시도오리가 만나는 곳을 중심으로 약 200여 개의 특이한 음식점과 주방용품 전문점이 몰려 있다.

● 대규모 스포츠 용품가 

일본에서 레저 스포츠의 인기가 날로 높아지면서 칸다(神田)의 고서점가 바로 맞은편에는 대규모 스포츠 용품가가 성업중이다. 상점마다 할인 간판을 내건 분위기는 바로 옆 동네인 아끼하바라와 비슷하다.

● 일본의 고서점의 반 이상의 모여 있는 간다(神田) 고서점가

일본 고서적의 ⅔이상이 몰려 있고 전국의 고서점 230여 개 가운데 반수가 넘는 130여개 있다는 일본 최대의 고서점가. 다양한 책들이 구비되어 있다.

● 시끌시끌한 분위기가 매력인 우에노(上野)의 아메요꼬시장

우리나라의 남대문시장에 해당하는 곳. 생필품을 비롯한 거의 모든 물건을 취급한다. 고가철로를 따라 길게 이어진 제법 긴 시장으로 싼 값에 파는 면 티셔츠나 괜찮은 액세서리를 발견할 수도 있다.

한번에 쇼핑을 끝낼 수 있는 복합 쇼핑 센터
다까시마야 (高島屋)

다까시마야는 신주꾸역 미나미구찌(南口)에 위치한 복합 쇼핑 센터이다. 신세대 직장여성을 위한 패션과 잡화를 취급하는 대형 백화점 신주꾸 다까시마야를 필두로 12~14층에 자리한 레스토랑 파크, 35만점의 음반을 보유한 HMV, 신주꾸 SOUTH, DIY 전문 매장인 도-큐-한즈, 일본의 유명 게임 제작사인 SEGA 직영의 신주꾸조이 폴리스, 아이맥스 극장과 일본 최대의 서점인 키노쿠니야까지. 10:00~22:00까지 영업.

● 10대들로 넘치는 다께시따도오리

하라주꾸(原宿)역 맞은편에 위치한 다께시따도오리는 평일에도 사람이 많지만 일요일만 되면 거리가 사람들로 꽉찬다. 10대들이 좋아하는 팬시 상품점, 부띠끄, 까페, 레스토랑 등을 보면 일본의 유행을 한 눈에 볼 수 있다.

쇼핑

2. 도쿄에서만 볼 수 있는 이색 쇼핑 장소

키디란도(キディランド)

하라주꾸의 오모떼산도에 있는 장남감 및 캐릭터상품 전문점.5층 건물 전체가 전세계의 장난감으로 꽉 차있다.

에비스 가든 플레이스

세련된 건물과 백화점, 레스토랑, 전시장, 극장 등이 모여 있어, 도쿄시민들도 즐겨 찾는 복합 공간. 시부야역.

쇼핑할 곳 찾기

❶ 저, 말씀 좀 묻겠는데요.

❷ 이 근처에 쇼핑센터가 있습니까?

❸ 가장 가까운 백화점은 어디에 있습니까?

❹ 이 근방에 면세점이 있습니까?

❺ (메모 등을 보이면서) 여기에 가고 싶습니다만.

❻ 어떻게 가면 좋습니까?

❼ 바겐세일은 언제까지입니까?

❽ 그 백화점은 몇 시까지입니까?

word

❶ ショッピングセンター 쇼핑센터(shopping center)
❸ デパート 백화점
❹ 免税店(めんぜいてん) 면세점

MP3 07-1

스미마셍 춋또 오키키시마스가
❶ すみません。ちょっと お聞(き)きしますが。

치까꾸니 숍핑구센타-와 아리마스까
❷ 近(ちか)くに ショッピングセンターは ありますか。

이찌방 치까이 데빠-또와 도꼬니 아리마스까
❸ 一番(いちばん) 近(ちか)い デパートは どこに ありますか。

고노헨니 멘제-텡와 아리마스까
❹ この辺(へん)に 免税店(めんぜいてん)は ありますか。

고꼬니 이키따인데스가
❺ ここに 行(い)きたいんですが。

도- 잇따라 이이데스까
❻ どう行(い)ったら いいですか。

바-겐세-루와 이츠마데데스까
❼ バーゲンセールは いつまでですか。

소노데빠-또와 난지마데데스까
❽ そのデパートは 何時(なんじ)まででですか。

❼ バーゲンセール 바겐세일

쇼핑

매장에서

❶ 어서 오십시오.

❷ 실례지만, 시계 매장은 몇 층입니까?

❸ 주방용품 매장은 몇 층입니까?

❹ 영업시간은 몇 시까지입니까?

❺ 뭔가 찾으시는 물건이 있습니까?

❻ 아뇨, 그냥 보는 거예요.

❼ 저, 손목시계를 사려고 하는데요.

❽ 스웨터 같은 건 어디서 팔아요?

word

❷ 時計(とけい) 시계 / 何階(なんがい) 몇 층
❸ 台所用品(だいどころようひん) 주방용품
❹ 営業時間(えいぎょうじかん) 영업시간

MP3 07-2

이랏샤이마세
❶ いらっしゃいませ。

스미마셍가 도께- 우리바와 난가이데스까
❷ すみませんが、時計売場は 何階ですか。
とけいうりば なんがい

다이도꼬로요-힝우리바와 난가이데스까
❸ 台所用品売場は 何階ですか。
だいどころようひんうりば なんがい

에-교-지깡와 난지마데데스까
❹ 営業時間は 何時までですか。
えいぎょうじかん なんじ

나니까 오사가시데쇼-까
❺ 何か お探しでしょうか。
なに さが

이-에 촛또 미떼루다케데스
❻ いいえ、ちょっと 見てるだけです。
み

아노- 우데도케-오 사가시떼이룬데스가
❼ あのー、うで時計を 探しているんですが。
どけい さが

세-타-난까와 도꼬데 웃떼이마스까
❽ セーターなんかは どこで 売っていますか。
う

❺ 探(さが)す 찾다
❼ うで時計(どけい) 손목시계
❽ セーター 스웨터

물건 고르기

❶ 어떤 디자인이 유행하고 있습니까?

❷ 같은 것으로 밝은 색은 없습니까?

❸ 좀 더 작은 것은 없습니까?

❹ 좀 더 큰 것을 보여 주세요.

❺ 너무 비싸요.

❻ 가격은 똑같은가요?

❼ 좀 더 싼 걸 보여 주세요.

❽ 다른 것도 좀 보여 주세요.

word

❶ はやりですか = はやっていますか 유행합니까?
❷ 色(いろ) 색, 색깔 / 明(あか)るい 밝다
❸ 小(ちい)さいの 작은 것 ↔ 大(おお)きいの 큰 것

MP3 07-3

돈나 데자인가 하야리데스까
❶ どんな デザインが はやりですか。

오나지노데 아까루이 이로와 아리마셍까
❷ 同(おな)じので、明(あか)るい 色(いろ)は ありませんか。

모-스꼬시 찌이사이노와 아리마셍까
❸ もう少(すこ)し 小(ちい)さいのは ありませんか。

모-스꼬시 오-키이노오 미세떼구다사이
❹ もう少(すこ)し 大(おお)きいのを 見(み)せてください。

다카스기마스요
❺ 高(たか)すぎますよ。

네단와 오나지데스까
❻ 値段(ねだん)は おなじですか。

모-스꼬시 야스이노오 미세떼구다사이
❼ もう少(すこ)し 安(やす)いのを 見(み)せてください。

호까노모 미세떼구다사이
❽ ほかのも 見(み)せてください。

쇼핑

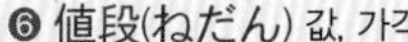
❻ 値段(ねだん) 값, 가격

❽ ほかの 다른 것

결정하기

❶ 이것은 얼마입니까?

❷ 좀 더 싸게 안 돼요?

❸ 이 쿠폰을 쓸 수 있습니까?

❹ 깎아주나요? (디스카운트 되나요?)

❺ 이것으로 하겠습니다.

❻ 그걸로 주세요.

❼ 이거랑 같은 걸로 두 개 주세요.

❽ 죄송합니다. 또 올게요. (안 사고 돌아갈 때)

word

❷ 安(やす)くしてください 싸게 해 주세요
❸ クーポン券(けん) 쿠폰
使(つか)える 쓸 수 있다

고레와 이꾸라데스까
❶ これは いくらですか。

모-스꼬시 야스꾸 나리마셍까
❷ もう少し 安く なりませんか。
すこ やす

고노 쿠-폰껜와 쯔까에마스까
❸ この クーポン券は 使えますか。
けん つか

마케떼구레마스까
❹ まけてくれますか。

고레니 시마스
❺ これに します。

소레오 구다사이
❻ それを ください。

고레또 오나지모노오 후따츠구다사이
❼ これと おなじものを 2つください。
ふたつ

스미마셍 마따 키마스
❽ すみません。また 来ます。
き

❽ また 또

쇼핑

계산하기

❶ 모두 해서 얼마입니까?

❷ 아까 계산했어요.

❸ 카드로 부탁합니다. (지불하겠습니다).

❹ 현금으로 계산할게요.

❺ 영수증 주세요.

❻ 거스름돈이 안 맞는 것 같은데요.

❼ (점원이) 대단히 감사합니다.

❽ 고마워요. (계산을 마치고 가게를 나올 때)

word

*보통 정찰제지만 전자상가 같은 곳은 값을 깎을 수도 있다.

❶ 全部(ぜんぶ)で 전부해서, 모두 합쳐서

❸ クレジットカード 신용카드

MP3 07-5

젠부데　이꾸라니　나리마스까
❶ 全部で いくらに なりますか。
ぜん ぶ

삿끼　하라이마시따요
❷ さっき 払いましたよ。
はら

쿠레짓또카-도데　오네가이시마스
❸ クレジットカードで お願いします。
ねが

캿슈데　하라이마스
❹ キャッシュで 払います。
はら

레시-토오　구다사이
❺ レシートを ください。

오쯔리가　마찌갓떼이마스
❻ おつりが まちがっています。

도-모　아리가또-고자이마시따
❼ (どうも) ありがとうございました。

도-모
❽ どうも。

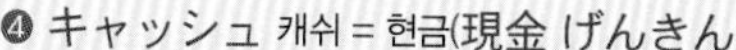
❹ キャッシュ 캐쉬 = 현금(現金 げんきん)

❻ おつり 거스름돈

포장하기

❶ 죄송하지만, 포장 됩니까?

❷ 선물이니까 포장해 주세요.

❸ 따로따로 쇼핑백에 넣어 주십시오.

❹ 아뇨, 그냥 주세요. (포장이 필요없을 때)

❺ 예, 하지만 추가요금이 듭니다만.

❻ 요금이 얼마죠?

❼ 100엔짜리와 200엔짜리가 있는데요.

❽ 그럼, 200엔짜리로 해 주세요.

word

❶ つつむ 포장하다, 싸다
❸ 袋(ふくろ) 봉투, 가방 / 入(い)れる 넣다
❺ 追加料金(ついかりょうきん) 추가요금

MP3 07-6

스미마셍가 츠츤데모라에마스까
❶ すみませんが、つつんでもらえますか。

프레젠토나노데 츠츤데구다사이
❷ プレゼントなので つつんでください。

베쯔베쯔니 후쿠로니 이레떼구다사이
❸ 別々に ふくろに 入れてください。
べつべつ い

이-에 소노마마데 이-데스
❹ いいえ、そのままで いいです。

하이 시까시 츠이까료-킹니 나리마스가
❺ はい、しかし 追加料金に なりますが。
ついかりょうきん

료-킹와 이꾸라데스까
❻ 料金は いくらですか。
りょうきん

하꾸엔노또 니햐꾸엔노가 아리마스
❼ 100円のと 200円のが あります。
ひゃくえん にひゃくえん

쟈 니햐꾸엔노데 오네가이시마스
❽ じゃ、200円ので お願いします。
にひゃくえん ねが

쇼핑

❼ 100円(ひゃくえん)の 100엔짜리

반품 및 교환

❶ 죄송하지만, 이것 반품됩니까?

❷ 저것으로 교환됩니까?

❸ 다른 사이즈의 것으로 교환됩니까?

❹ 이것은 흠이 나 있어요.

❺ 환불해 주셨으면 하는데요.

❻ 언제 구입하셨습니까?

❼ 좀 전에 막 샀는데요.

❽ AS는 받을 수 있습니까?

word

❶ 返品(へんぴん) 반품
❷ 交換(こうかん) 교환
❹ 傷(きず) 흠

MP3 07-7

① 스미마셍가 고레 헴삥데끼마스까
すみませんが、これ 返品(へんぴん)できますか。

② 아레니 코-깐데끼마스까
あれに 交換(こうかん)できますか。

③ 베쯔노 사이즈노 모노또 코-깐데끼마스까
別(べつ)の サイズの ものと 交換(こうかん)できますか。

④ 고레와 키즈가 쯔이떼이마스
これは 傷(きず)が ついています。

⑤ 하라이모도시떼 호시인데스가
払(はら)いもどして ほしいんですが。

⑥ 이쯔 오카이니 나리마시따까
いつ お買(か)いに なりましたか。

⑦ 삭끼 캇따바까리데스
さっき 買(か)ったばかりです。

⑧ 아후타-사-비스와 얏떼모라에마스까
アフターサービスは やってもらえますか。

⑤ 払(はら)いもどし 환불

⑥ 「お+동사 ます형 + になる」 형태의 경어표현 (~하시다)

⑧ アフターサービス 애프터서비스(AS)

쇼핑

물건사기 ① 옷

❶ 입어 봐도 됩니까?

❷ 입어 보는 곳은 어디입니까?

❸ 좀 헐렁헐렁한 것 같은데요.

❹ 스커트의 길이가 너무 짧습니다. / 깁니다.

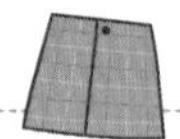

❺ 딱 좋습니다.

❻ 좀 더 수수한 것 있습니까?

❼ 좀 더 큰 것을 보여 주세요.

❽ 이것들은 진짜입니까?

word

❶ 試着(しちゃく) 입어 봄
❷ 試着室(しちゃくしつ) 탈의실
❹ 丈(たけ) 길이, 기장

MP3 07-8

시챠꾸시떼미떼모 이-데스까
❶ 試着してみても いいですか。
し ちゃく

시챠꾸시쯔와 도꼬데스까
❷ 試着室は どこですか。
し ちゃくしつ

스꼬시 부까부까노 요-데스
❸ 少し ぶかぶかの ようです。
すこ

스카-토다케가 미지까이데스 나가이데스
❹ スカート丈が 短いです。/ 長いです。
たけ みじか なが

쵸-도 이-데스
❺ ちょうど いいです。

모-스꼬시 지미나노와 아리마스까
❻ もう少し 地味なのは ありますか。
すこ じ み

모-스꼬시 오-키이노오 미세떼구다사이
❼ もう少し 大きいのを 見せてください。
すこ おお み

고레라와 혼모노데스까
❽ これらは 本物ですか。
ほんもの

쇼핑

❻ 地味(じみ) 수수함

❽ 本物(ほんもの) 진짜 ↔ にせもの 가짜

물건사기 ② 화장품

❶ 스킨을 사려고 하는데요.

❷ 건성 피부용이 있습니까?

❸ 민감성 피부인데 괜찮습니까?

❹ 좀 더 밝은 색상 / 어두운 색상

❺ 파운데이션은 있습니까?

❻ 갈색 계통의 립스틱을 보여 주십시오.

❼ 다른 것도 보여 주세요.

❽ 이거, 발라봐도 돼요?

word

❶ 化粧水(けしょうすい) 화장수, 스킨
❷ 乾燥肌(かんそうはだ) 건성 피부
❸ 敏感肌(びんかんはだ) 민감성 피부

MP3 07-9 

케쇼-스이가 호시인데스가
❶ 化粧水が ほしいんですが。
けしょうすい

칸소-하다요-노와 아리마스까
❷ 乾燥肌用のは ありますか。
かんそうはだよう

빈칸하다나노데스가 다이죠-부데스까
❸ 敏感肌なのですが、大丈夫ですか。
びんかんはだ だいじょうぶ

모-스꼬시 아까루이 이로 쿠라이 이로
❹ もう少し 明るい 色 / 暗い 色
すこ あか いろ くら いろ

환데-숀와 아리마스까
❺ ファンデーションは ありますか。

브라운케-노 구찌베니오 미세떼구다사이
❻ ブラウン系の 口紅を 見せてください。
けい くちべに み

호까노 모노오 미세떼구다사이
❼ ほかの ものも 見せてください。
み

고레 츠께떼미떼모 이-데스까
❽ これ、つけてみても いいですか。

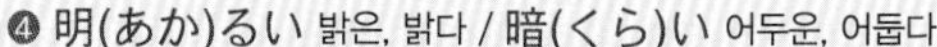

❹ 明(あか)るい 밝은, 밝다 / 暗(くら)い 어두운, 어둡다
❻ 口紅(くちべに) 립스틱
❽ つける 바르다

물건사기 ③ 건전지 · 우표 · 음반 등

❶ 이 카메라의 전지가 필요합니다만.

❷ 이 필름들을 현상해 주세요.

❸ 우표 있습니까?

❹ 최신곡 CD를 사려고 합니다만.

❺ 뭔가 추천할 만한 것은 있습니까?

❻ 이거, 주세요.

❼ 다른 것 더 필요하신 것 있으세요?

❽ 아뇨, 이제 됐어요.

word

❶ 電池(でんち) 건전지 = 乾電池(かんでんち)
❷ 現像(げんぞう) 현상
❸ 切手(きって) 우표

MP3 07-10

고노 카메라노 덴찌가 호시인데스가
❶ この カメラの 電池が ほしいんですが。
でんち

고노 휘루무오 겐조-시떼구다사이
❷ この フィルムを 現像してください。
げんぞう

깃떼와 아리마스까
❸ 切手は ありますか。
きって

사이신쿄쿠노 씨-디-가 호시인데스가
❹ 最新曲の CDが ほしいんですが。
さいしんきょく

나니까 오스스메와 아리마스까
❺ 何か おすすめは ありますか。
なに

고레 구다사이
❻ これ、ください。

나니까 호까니 이루모노와 아리마스까
❼ 何か、ほかに 要るものは ありますか。
なに い

이-에 모- 이-데스
❽ いいえ、もう いいです。

❹ 最新曲(さいしんきょく) 최신곡

❼ 要(い)る 필요하다

필수 어휘

가게의 종류

백화점	デパート	데파-또
문방구점	文房具屋	분보-구야
선물가게	みやげ品店(ひんてん)	미야게힝텡
신발가게	靴屋(くつや)	구츠야
서점	本屋(ほんや)	홍야
잡화점	雑貨屋(ざっかや)	잣까야
편의점	コンビニ	콘비니

의류

가디건	カーディガン	가-디간
넥타이	ネクタイ	네쿠타이
바지	ズボン	즈봉
모자	ぼうし	보-시
스커트	スカート	스카-토
스타킹	ストッキング	스톡낑구
양말	くつした	쿠츠시따
양복	せびろ	세비로
자켓	ジャケット	쟈켓또
장갑	てぶくろ	테부꾸로

신발

구두, 신발	靴(くつ)	쿠츠
구두굽	ヒール	히-루
구두약	くつずみ	쿠츠즈미
구두끈	くつひも	쿠츠히모
부츠	ブーツ	부-츠
샌들	サンダル	산다루
슬리퍼	スリッパ	스릿파
운동화	うんどうぐつ	운도구츠

화장품 등

쇼핑

리무버	リムーバー	리무-바-
립스틱	くちべに	구치베니
매니큐어	マニキュア	마니큐아
스킨로션	化粧水(けしょうすい)	케쇼-스이
오일	オイル	오이루
칫솔	歯(は)ブラシ	하브라시
치약	歯(は)みがき粉(こ)	하미가키코
파우더	おしろい	오시로이
파운데이션	ファンデーション	환데-숀

색·크기 등에 관한 말

가볍다	軽(かる)い	카루이
강하다	強(つよ)い	츠요이
검다	黒(くろ)い	쿠로이
낮다	低(ひく)い	히쿠이
노랗다	黄色(きいろ)い	키이로이
높다	高(たか)い	타카이
높이	高(たか)さ	타카사
더럽다	汚(きたな)い	키따나이
둥글다	まるい	마루이
무겁다	重(おも)い	오모이
빨갛다	赤(あか)い	아까이
밝다	明(あか)るい	아까루이
비싸다	高(たか)い	타까이
싸다	安(やす)い	야스이
새롭다	新(あたら)しい	아따라시이
색	色(いろ)	이로
쉽다	易(やさ)しい	야사시이
어둡다	暗(くら)い	쿠라이
없다	ない	나이
오래되다	古(ふる)い	후루이

어렵다	難(むずか)しい	무즈까시이
바쁘다	忙(いそが)しい	이소가시이
젊다	若(わか)い	와까이
크기	大(おお)きさ	오-키사
파랗다	青(あお)い	아오이
하얗다	白(しろ)い	시로이

약국에서 살 수 있는 것

약	薬(くすり)	쿠스리
감기약	風邪薬(かぜぐすり)	카제구스리
진통제	鎮痛剤(ちんつうざい)	친츠-자이
위장약	胃腸薬(いちょうやく)	이쵸-야쿠
안약	目薬(めぐすり)	메구스리
탈지면	脱脂綿(だっしめん)	닷시멘
반창고	絆創膏(ばんそうこう)	반소-코-
가아제	ガーゼ	가-제
붕대	包帯(ほうたい)	호-따이
소독약	消毒薬(しょうどくやく)	쇼-도쿠야꾸
약국	薬局(やっきょく)	얏쿄꾸
밴드	バンドエード	반도에-도(*상품명)

1. 신나는 놀거리들

스나꾸 바

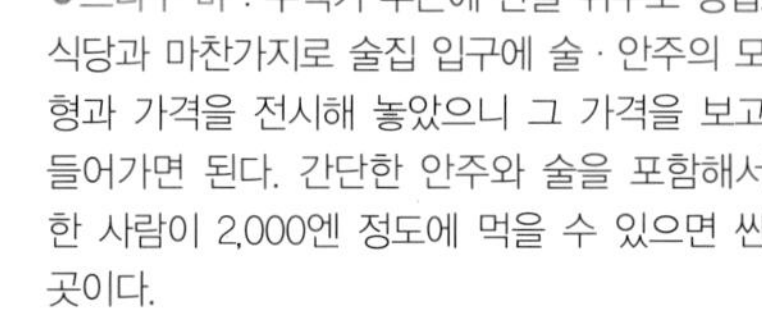

●스나꾸 바 : 주택가 부근에 단골 위주로 영업. 식당과 마찬가지로 술집 입구에 술 · 안주의 모형과 가격을 전시해 놓았으니 그 가격을 보고 들어가면 된다. 간단한 안주와 술을 포함해서 한 사람이 2,000엔 정도에 먹을 수 있으면 싼 곳이다.

가라오케 박스

●가라오케 박스 : 우리나라의 노래방과 큰 차이가 없다. 주로 유흥가에 몰려 있으며, 유흥가 주변에서는 할인권을 나눠주기도 하므로 할인권을 보고 값이 적당한 곳을 찾아가면 된다. 우리나라 노래를 부를 수 있는 곳도 있다.

빠칭코

●빠칭코 : 오전 10시쯤부터 자정 무렵까지 영업하는 빠칭코 업소는 오전에 문을 열 때쯤 가보면 좋은 자리를 차지하려고 길게 줄을 늘어선 모습이 쉽게 눈에 띈다.

클럽

●클럽 : 오후 6시를 전후해서 영업을 시작한다. 요금은 지역에 따라 규모에 따라 차이가 있다. 요금은 1,000엔~2,000엔 정도. 여성은 할인해 주는 곳도 있다. 주말이나 휴일 전날에는 요금이 더 비싸다.

게임센터

●게임센터 : 전자산업의 메카인 일본은 각종 유명 게임제작사들이 자사의 이름을 내걸고 대형 오락실을 전국 체인망으로 연결해서 영업하고 있다. 게임센터 가운데는 일반 주화가 아닌 업소 전용 코인으로 게임하는 곳도 있지만, 대부분은 동전으로 이용할 수 있다.

2. 신주쿠 주위 밤에 가볼 만한 곳 

도쿄의 야경

가부끼쵸

● 도쿄의 야경을 볼 수 있는 곳 : 분위기를 찾는다면 초고층호텔 스카이라운지에서 칵테일과 함께 야경을 즐기는 것도 좋고, 도쿄타워나 도쿄도청사 이케부꾸로의 선샤인시티빌딩(60층) 전망대 등을 이용하는 것도 좋다.

● 가부끼쵸(歌舞伎町) : 일본 최대의 환락가. 원래는 신주꾸의 문화 중심지로 조성할 계획이었다. 그 때문에 이 일대의 이름까지도 일본 전통 예술의 하나인 가부끼를 따다 붙인 것이다. 하지만 아이러니하게도 처음 의도와는 완전히 달리 지금은 일본 최대의 환락가가 되었다.

● 신주꾸 골덴가이 : 가부끼쵸의 뒤쪽으로 이어진 좁다란 술집 골목. 번화한 신주꾸의 뒷골목답지 않게 수수한 느낌이고 술값도 비교적 저렴한 편이다.

● 아까사까(赤坂) : 대표적인 고급 밤거리로 한국 술집이 많은 것으로 유명하다. 지하철 마루노우찌센이나 긴자센을 타고 아까사까미쯔께역에서 내리면 된다. 이곳은 비싼 땅값 때문인지 가격이 비싸기 때문에 한번 더 생각해보고 들어가야 후회하지 않는다.

● 도쿄의 이태원 롯뽄기(六本木) : 지하철 히비야센의 롯뽄기역 주변은 클럽, 록 까페 등이 몰려 있는 도쿄의 소비와 유흥의 중심지이다.
가격대는 약간 비싼 편.

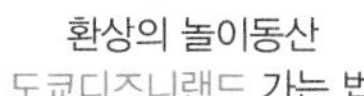

환상의 놀이동산 도쿄디즈니랜드 가는 법

전철이나 버스 중 하나를 타고 가면 된다. 디즈니랜드로 가는 전철은 JR게이요센(京葉線)이므로, 일단 도쿄역으로 가서 JR게이요센이라고 쓴 표지판 쪽으로 한참을 걸어가면 된다. 전철을 탄 후 여덟번째 정거장인 마이하마(舞浜)역에서 내리면 된다.

시내 관광

❶ 관광안내소는 어디에 있습니까?

❷ 시내 지도는 있습니까?

❸ 이 도시의 가 볼 만한 곳을 가르쳐 주십시오.

❹ 시내를 관망할 수 있는 곳이 있습니까?

❺ 하토바스로 관광하고 싶습니다만.

❻ 거기는 야마노테센으로 갈 수 있습니까?

❼ 갈아타지 않고 한 번에 갈 수 있는 곳입니까?

❽ 도쿄역에서 갈아타세요.

word

❶ 案内所(あんないじょ) 안내소
❷ 街(まち) 도시, 거리
❹ 見渡(みわた)せる 관망하다 / 場所(ばしょ) 장소

MP3 08-1

❶ 観光案内所は どこに ありますか。
캉꼬-안나이죠와 도꼬니 아리마스까
かんこうあんないじょ

❷ 街の 地図は ありますか。
마찌노 치즈와 아리마스까
まち ちず

❸ この 街の 見どころを 教えてください。
고노 마찌노 미도꼬로오 오시에떼구다사이
まち み おし

❹ 市内を 見渡せる 場所は ありますか。
시나이오 미와따세루 바쇼와 아리마스까
しない みわた ばしょ

❺ ハトバスで 観光したいんですが。
하토바스데 캉꼬-시따인데스가
かんこう

❻ そこは 山手線で 行けますか。
소꼬와 야마노테센데 이케마스까
やまのてせん い

❼ 一本で 行ける 所ですか。
입뽄데 이케루 도코로데스까
いっぽん い ところ

❽ 東京駅で 乗りかえてください。
도-쿄-에끼데 노리카에떼구다사이
えき の

관광

❺ ハトバス 도쿄시내 유명한 관광지를 코스로 하는 1일 관광버스
❼ 一本(いっぽん)で (갈아타지 않고)한번에

관광지에서 ①

❶ 입장료는 얼마입니까?

❷ 어른 한 장 주세요.

❸ 몇 시까지 엽니까?

❹ 짐 좀 맡아 주시겠습니까?

❺ 코인로커는 어디에 있어요?

❻ 박물관의 팜플렛은 있습니까?

❼ 여기에서 사진을 찍어도 됩니까?

❽ 플래시를 터뜨려도 됩니까?

word

❶ 入場料(にゅうじょうりょう) 입장료
❷ 大人(おとな) 어른 / 学生(がくせい) 학생
子供(こども) 어린이

뉴-죠-료-와 이꾸라데스까
❶ 入場料は いくらですか。
にゅうじょうりょう

오토나 이찌마이 구다사이
❷ 大人 1枚ください。
おとな いちまい

난지마데 아이떼이마스까
❸ 何時まで 開いていますか。
なんじ あ

니모쯔오 아즈캇떼이따다케마스까
❹ 荷物を 預かっていただけますか。
にもつ あず

코인록까-와 도꼬니 아리마스까
❺ コインロッカーは どこに ありますか。

하쿠부츠칸노 팜후렛또와 아리마스까
❻ 博物館の パンフレットは ありますか。
はくぶつかん

고꼬데 샤싱오 돗떼모 이-데스까
❼ ここで 写真を とっても いいですか。
しゃしん

후랴슈오 다이떼모 이-데스까
❽ フラッシュを たいても いいですか。

관광

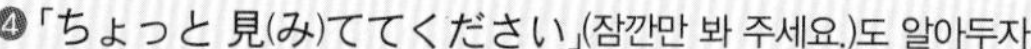

❹「ちょっと 見(み)ててください」(잠깐만 봐 주세요.)도 알아두자!
❻ 博物館(はくぶつかん) 박물관
❼ 写真(しゃしん) 사진

관광지에서 ②

❶ 사진 좀 찍어 주시겠습니까?

❷ 여기를 누르기만 하면 됩니다.

❸ 함께 사진을 찍지 않겠습니까?

❹ 한 번 더 부탁합니다.

❺ 사진을 보내고 싶습니다만,

❻ 주소를 적어 주시겠습니까?

❼ (찍어 주셔서) 고맙습니다.

❽ (즉석 사진을 주면서) 자, 이거요.

word

❷ 押(お)す 누르다
❸ 一緒(いっしょ)に 함께, 같이
❹ もう一度(いちど) 한 번 더

MP3 08-3

샤싱오 돗떼 이따다케마스까
❶ 写真を とって いただけますか。
しゃしん

고꼬오 오스다케데스
❷ ここを 押すだけです。
お

잇쇼니 샤싱오 도리마셍까
❸ 一緒に 写真を とりませんか。
いっしょ しゃしん

모-이찌도 오네가이시마스
❹ もう一度 お願いします。
いちど ねが

샤싱오 오쿠리따인데스가
❺ 写真を 送りたいんですが。
しゃしん おく

쥬-쇼오 카이떼이따다케마스까
❻ 住所を 書いていただけますか。
じゅうしょ か

아리가또-고자이마시따
❼ ありがとうございました。

하이 고레
❽ はい、これ。

관광

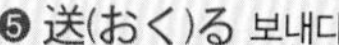

❺ 送(おく)る 보내다
❻ 住所(じゅうしょ) 주소 (이메일주소는 メールアドレス라고 한다.)
❽ 「お持(も)ちください」(가지세요.)도 알아두자.

길 묻기

❶ 역으로 가는 길을 가르쳐 주십시오.

❷ 뭔가 표시가 될 만한 것이 있습니까?

❸ 걸어서 갈 수 있습니까?

❹ (지도를 보이면서) 현재 위치를 가르쳐 주십시오.

❺ 이 거리의 이름은 무엇입니까?

❻ 버스를 타는 편이 좋겠습니까?

❼ 북쪽은 어느 쪽입니까?

❽ 길을 잃어 버렸습니다.

word

❶ 駅(えき) 역
❷ 目印(めじるし) 표시
❹ 現在地(げんざいち) 현재 위치

에끼에 이꾸 미찌오 오시에떼구다사이
❶ 駅へ 行く 道を 教えてください。
えき い みち おし

나니까 메지루시와 아리마스까
❷ 何か 目印は ありますか。
なに め じるし

아루이떼 이께마스까
❸ 歩いて 行けますか。
ある い

겐자이찌오 오시에떼구다사이
❹ 現在地を 教えてください。
げんざい ち おし

고꼬와 난또유- 도-리 데스까
❺ ここは 何という 通りですか。
なん とお

바스니 놋따 호-가 이-데스까
❻ バスに 乗った ほうが いいですか。
の

기타와 도찌라데스까
❼ 北は どちらですか。
きた

미찌니 마욧떼시마이마시따
❽ 道に まよってしまいました。
みち

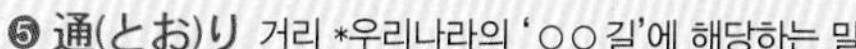

❺ 通(とお)り 거리 *우리나라의 '○○길'에 해당하는 말

❻ 乗(の)る 타다

❼ 北(きた) 북, 북쪽

투어 관광 ①

❶ 관광여행에 참가하고 싶은데요.

❷ 어떤 관광이 있습니까?

❸ 도쿄타워를 도는 코스는 있나요?

❹ 극을 보는 관광은 있습니까?

❺ 어떤 관광이 인기가 있어요?

❻ 한국어를 할 수 있는 가이드는 있습니까?

❼ 여기에서 예약할 수 있나요?

❽ 식사포함인가요?

word

❶ 参加(さんか) 참가
❸ 回(まわ)る 돌다
❹ 劇(げき) 극, 연극

MP3 08-5

❶ 캉꼬-츠아-니 상까시따인데스가
観光(かんこう)ツアーに 参加(さんか)したいんですが…。

❷ 돈나 츠아-가 아리마스까
どんな ツアーが ありますか。

❸ 도-쿄-타와-오 마와루 코-스와 아리마스까
東京(とうきょう)タワーを 回(まわ)る コースは ありますか。

❹ 게끼오 미루 츠아-와 아리마스까
劇(げき)を 見(み)る ツアーは ありますか。

❺ 돈나 츠아-가 닝끼가 아리마스까
どんな ツアーが 人気(にんき)が ありますか。

❻ 캉꼬꾸고오 하나세루 가이도상와 이마스까
韓国語(かんこくご)を 話(はな)せる ガイドさんは いますか。

❼ 고꼬데 요야꾸데끼마스까
ここで 予約(よやく)できますか。

❽ 쇼꾸지츠끼데스까
食事(しょくじ)つきですか。

관광

❺ 人気(にんき) 인기
❻ 話(はな)せる 말할 수 있다
ガイドさん 가이드, 가이드하시는 분

투어 관광 ②

❶ 저 건물은 무엇입니까?

❷ 언제 세워졌습니까?

❸ 저것은 무슨 강(산) 입니까?

❹ 앞으로 어느 정도 후에 도착합니까?

❺ ~호텔에서 하차할 수 있습니까?

❻ 고마워요, 매우 즐거웠습니다.

❼ 우와, 굉장하네요.

❽ 귀엽다~. (예쁘다.)

word

❶ 建物(たてもの) 건물
❸ 川(かわ) 강 / 山(やま) 산
❹ 着(つ)く 도착하다

MP3 08-6

아노 다떼모노와 난데스까
❶ あの 建物(たてもの)は 何(なん)ですか。

이쯔고로 다떼라레딴데스까
❷ いつごろ 建(た)てられたんですか。

아레와 난또유-카와(야마)데스까
❸ あれは 何(なん)という川(かわ)(山(やま))ですか。

아또 도노구라이데 츠끼마스까
❹ あと どのぐらいで 着(つ)きますか。

~호테루데 게샤데끼마스까
❺ ～ホテルで 下車(げしゃ)できますか。

아리가또- 도떼모 다노시캇따데스
❻ ありがとう。とても 楽(たの)しかったです。

우와 스고이데스네
❼ うわ…。すごいですね。

카와이-
❽ かわいい～。

❺ 下車(げしゃ) 하차
❻ 楽(たの)しい 즐겁다

관광

엔터테인먼트 ① 콘서트 · 영화

❶ 시내의 이벤트 정보지는 있습니까?

❷ 록 콘서트에 가고 싶은데요.

❸ 영화를 보고 싶은데요.

❹ 영화는 몇 시부터 상영됩니까?

❺ 입장료는 포함되어 있습니까?

❻ ~은 어디서 볼 수 있습니까?

❼ 티켓 구입예약은 가능합니까?

❽ 가장 싼(비싼) 좌석은 얼마입니까?

word

❶ 情報紙(じょうほうし) 정보지
❸ 映画(えいが) 영화
❹ 上映(じょうえい)される 상영되다

MP3 08-7

시나이노 이벤토죠-호-시와 아리마스까
❶ 市内の イベント情報紙は ありますか。
し ない じょうほう し

록꾸콘사-토니 이끼따이노데스가
❷ ロックコンサートに 行きたいのですが。
い

에-가가 미따인데스가
❸ 映画が 見たいんですが。
えい が み

에-가와 난지까라 죠-에-사레마스까
❹ 映画は 何時から 上映されますか。
えい が なん じ じょうえい

뉴-죠-료-와 후꾸마레떼이마스까
❺ 入場料は 含まれていますか。
にゅうじょうりょう ふく

~와 도꼬데 미라레마스까
❻ ~は どこで 見られますか。
み

치켓또노 코-뉴-요야꾸와 데끼마스까
❼ チケットの 購入予約は できますか。
こうにゅう よ やく

이찌방 야스이(다까이) 세끼와 이꾸라데스까
❽ いちばん 安い(高い) 席は いくらですか。
やす たか せき

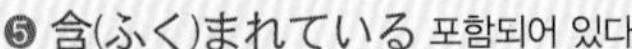

❺ 含(ふく)まれている 포함되어 있다

❼ チケット 티켓, 표(=きっぷ)

❽ いちばん 가장

관광

엔터테인먼트 ② 야구경기 · 골프

❶ 티켓을 두 장 예약해 주십시오.

❷ 프로야구를 보고 싶은데요.

❸ 오늘 시합이 있습니까?

❹ 몇 시부터입니까?

❺ 골프(테니스)를 하고 싶은데요.

❻ (골프) 플레이를 하고 싶은데요.

❼ 골프채를 빌리고 싶은데요.

❽ 팁을 줘야 하나요?

word

❷ プロ野球(やきゅう) 프로야구
❸ 試合(しあい) 시합
❼ クラブ 골프채

치켓또오 니마이 요야꾸시떼구다사이
❶ チケットを 2枚 予約してください。
にまい よやく

프로야큐-가 미따이노데스가
❷ プロ野球が 見たいのですが。
やきゅう み

쿄- 시아이가 아리마스까
❸ 今日、試合が ありますか。
きょう しあい

난지까라데스까
❹ 何時からですか。
なんじ

고르후(테니스)가 시따이노데스가
❺ ゴルフ(テニス)が したいのですが。

프레이시따인데스가
❻ プレーしたいんですが。

쿠라부오 카리따인데스가
❼ クラブを 借りたいんですが。
か

칩뿌오 아게나케레바 나라나인데스까
❽ チップを あげなければ ならないんですか。

❽ チップ 팁

엔터테인먼트 ③ 스키

❶ 초보자용 스키장은 있습니까?

❷ 스키장 지도를 주세요.

❸ 리프트 타는 곳은 어디입니까?

❹ 스키를 빌리고 싶은데요.

❺ 160cm 짜리 스키를 빌려 주세요.

❻ 8인치 짜리 신발을 빌려 주십시오.

❼ 보증금은 얼마죠?

❽ 몇 시까지죠?

word

❶ 初心者(しょしんしゃ) 초보자
❹ 借(か)りる 빌리다
❺ 貸(か)す 빌려 주다

MP3 08-9

❶ 쇼신샤노 게렌데와 아리마스까
初心者の ゲレンデは ありますか。
しょしんしゃ

❷ 게렌데 맙뿌오 구다사이
ゲレンデ マップを ください。

❸ 리후토 노리바와 도꼬데스까
リフト 乗り場は どこですか。
の ば

❹ 스키-오 카리따인데스가
スキーを 借りたいんですが。
か

❺ 햐꾸로꾸즛센치노 스키-오 카시떼구다사이
160センチの スキーを 貸してください。
か

❻ 하찌인치노 구쯔오 카시떼구다사이
8インチの 靴を 貸してください。
くつ か

❼ 호쇼-낑와 이꾸라데스까
保証金は いくらですか。
ほ しょうきん

❽ 난지마데스까
何時までですか。
なん じ

❻ 靴(くつ) 구두, 신발(여기서는 스키용 신)
❼ 保証金(ほしょうきん) 보증금

관광

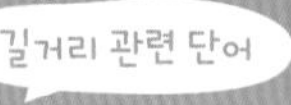

필수 어휘

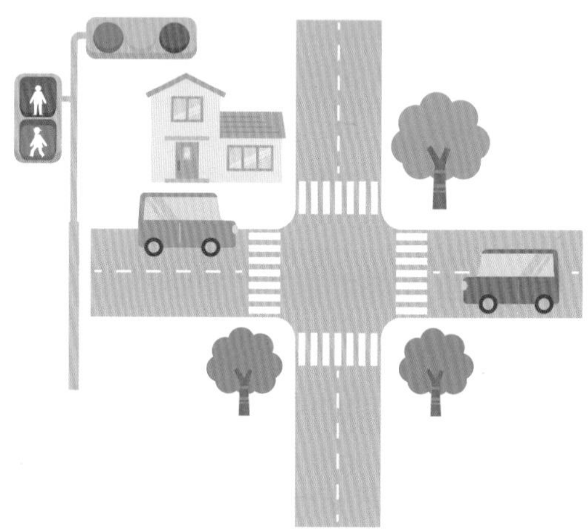

신호등	信号機(しんごうき)	신고-키
사거리	交差点(こうさてん)	코-사텡
교통표지	交通標識(こうつうひょうしき)	코-츠-효-시끼
횡단보도	横断歩道(おうだんほどう)	오-단호도-
공중전화	公衆電話(こうしゅうでんわ)	코-슈-뎅와
자동판매기	自動販売(じどうはんばいき)	지도-한바이키
현금자동인출기	現金自動支払機(ATM)	겡킹지도-시하라이키
	(げんきんじどうしはらいき)	
우체통	ポスト	포스토
역	駅(えき)	에끼

길 설명할 때 자주 쓰이는 말들

まっすぐ いく
맛스구 이쿠
곧장 가다

みぎへ まがる
미기에 마가루
오른쪽으로 돌다

ひだりへ まがる
히다리에 마가루
왼쪽으로 돌다

かど
카도
모퉁이, 모서리

은행

銀行の となり
깅코-노 토나리
은행 옆

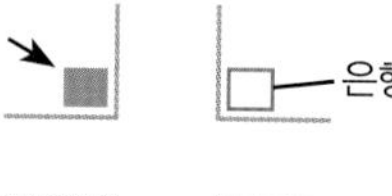

銀行の むかい
깅코-노 무카이
은행 맞은편

1. 일본에서의 국내 · 국제전화

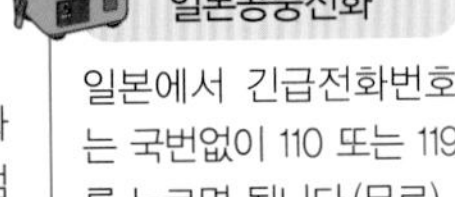

일본에서 긴급전화번호는 국번없이 110 또는 119를 누르면 됩니다.(무료)

❶ 국내전화

· 일본 어디나 사용 가능하다.

· 10엔 또는 100엔 동전을 사용하거나 전화카드가 있어야 한다. 전화카드는 편의점에서 구입할 수 있다.(500엔 또는 1000엔) 일반 공중전화기는 초록색이지만 커피숍이나 음식점 등에서는 독특한 디자인의 전화기도 눈에 띈다.

· 시내전화는 10엔으로 1분간 시내 통화를 할 수 있고, 경고음이 울릴 때 10엔을 추가로 넣지 않으면 전화가 자동으로 끊긴다. 이들 전화로 시외 통화도 가능하다.

❷ 국제전화

· 국제전화를 걸 수 있는 전화기

국제전화라고 표시된 공중전화, 공항이나 주요 호텔에 비치되어 있는 KDD 신용 카드 전화, 주요 철도역에는 국제전화 전용전화기 등이 있다. 회색 전화기는 모니터 스크린이 있어서 영어나 일어로 간단한 사용 요령을 알려준다.

· 국제 전화 카드

해외에서 국제 전화를 자주 이용한다면 카드 서비스를 활용하면 편리하다. 최근에는 휴대전화가 널리 보급되어 공중전화 이용이 감소하고 있다.

한국에서 일본으로 국제 전화 거는 방법

001(또는 002) → 일본 번호(81) → 0을 뺀 지역번호 → 1234-5678(상대방 전화번호)

예 유선전화 03-1234-5678로 전화를 걸 경우 → 001(또는 002) 81 3 1234 5678

예 휴대폰 010-1234-5678로 전화를 걸 경우 → 001(또는 002) 81 10 1234 5678

일본 지역별 전화번호			
가마쿠라	0467	가와사키	044
기타큐슈	098	고베	078
교토	075	나고야	052
도쿄	03	사가	0952
삿포로	011	오사카	06
요코하마	045	하코네	0460
후쿠오카	092	히로시마	082

일본에서 한국으로 국제 전화 거는 방법

001 010(KDD au) 또는 0033 010(NTT) → 한국 번호(82) → 0을 뺀 지역번호 → 123–4567(상대방 전화번호).

예 유선전화 02–123–4567로 전화를 걸 경우 → 001010 82 2 123 4567

예 휴대폰 010–1234–5678로 전화를 걸 경우 → 001010 82 10 1234 5678

2. 우편

❶ 편지나 엽서 : 한국으로 편지나 엽서를 보낼 때는 앞면에 'SEOUL, KOREA' 또는 'SOUTH KOREA'라고 표기하면 된다.

❷ 소포 : 비용은 좀 비싸지만 물건을 들고다니는 부담을 줄일 수 있다. 보통 우편이나 소포는 항공편으로 1주일 안에 도착한다. 시간을 다투는 일이라면 우체국의 국제특송서비스인 EMS를 이용하면 된다. EMS는 세계 120개국 이상의 지역으로 30kg까지 서류나 짐 등을 안심, 간단, 편리하게 보낼 수 있는 가장 빠른 국제 우편 서비스이다. JAPAN POST를 검색하면 한국어 안내문도 나와있으므로 참고하자.

우체국에서

❶ 이 근처에 우체통 있어요?

❷ 우체국은 어디에 있어요?

❸ 이거, 항공편으로 부칠려고 하는데요.

❹ 요금은 얼마예요?

❺ 얼마나 걸리죠?

❻ 이거, EMS로 보내고 싶은데요.

❼ 내용물이 뭐죠? 책 / 옷 / 서류예요.

❽ 여기엔 뭘 쓰면 되죠? (신청서 등 작성시)

word

❷ 郵便局(ゆうびんきょく) 우체국
❸ 航空便(こうくうびん) 항공편
船便(ふなびん) 선편

MP3 09-1

고노 치까꾸니 포스토와 아리마스까
❶ この、近く(ちか)に ポストは ありますか。

유-빙꾜꾸와 도꼬니 아리마스까
❷ 郵便局(ゆうびんきょく)は どこに ありますか。

고레 코-쿠-빙데 다시따이노데스가
❸ これ、航空便(こうくうびん)で 出(だ)したいのですが。

료-킹와 이꾸라데스까
❹ 料金(りょうきん)は いくらですか。

도레구라이 카카리마스까
❺ どれぐらい かかりますか。

고레 이-에무-에스데 오꾸리따이노데스가
❻ これ、EMSで 送(おく)りたいのですが。

나까미와 난데스까 홍 후꾸 쇼루이데스
❼ 中身(なかみ)は 何(なん)ですか。本(ほん) / 服(ふく) / 書類(しょるい)です。

고꼬니와 나니오 카쿤데스까
❽ ここには 何(なに)を 書(か)くんですか。

❼ 中身(なかみ) 내용물
服(ふく) 옷
書類(しょるい) 서류

전화 ①

❶ 여보세요, 저는 ○○라고 하는데요.

❷ 다나까 씨 계십니까?

❸ 다나까 씨 좀 부탁드립니다.

❹ 다나까는 지금 나가고 없는데요.

❺ 다나까는 지금 자리를 비웠습니다.

❻ 다른 전화를 받고 있는데요.

❼ 네, 잠깐만 기다리세요.

❽ 전화 바꿨습니다. 다나까입니다.

word

❷ もしもし 여보세요(전화에서)
❺ 席(せき)を はずす 자리를 비우다
❻ 電話(でんわ)に 出(で)る 전화를 받다

모시모시 와따시와 ○○또 모-시마스가
❶ もしもし。わたしは ○○と 申しますが。
もう

다나까상 이랏샤이마스까
❷ 田中さん いらっしゃいますか。
たなか

다나까상 오네가이데끼마스까
❸ 田中さん お願いできますか。
たなか ねが

다나까와 타다이마 데카케떼오리마스가
❹ 田中は ただ今 出かけておりますが。
たなか いま で

다나까와 타다이마 세끼오 하즈시떼이마스가
❺ 田中は ただ今 席を はずしていますが。
たなか いま せき

호까노 뎅와니 데떼이마스가
❻ ほかの 電話に 出ていますが。
でんわ で

하이 쇼-쇼- 오마찌구다사이
❼ はい、少々 お待ちください。
しょうしょう ま

오뎅와 카와리마시따 다나까데스
❽ お電話 かわりました。田中です。
でんわ たなか

❼ '잠깐만요'의 뜻으로 「ちょっと待(ま)ってください。」라고도 한다.

전화 ②

❶ 잠시 기다려 주시겠습니까?

❷ 예, 기다리겠습니다.

❸ 그럼 다시 걸게요.

❹ ~한테서 전화왔었다고 전해 주십시오.

❺ 전화번호를 알려 주시겠어요?

❻ 332-8321입니다.

❼ 전화해 달라고 전해 주십시오.

❽ 안녕히 계세요. (전화를 끊을 때)

word

❷ 待(ま)たせていただきます 기다리겠습니다(정중한 표현)
❹ お伝(つた)えください 전해 주십시오
❼ お電話(でんわ) ほしいと 전화해 달라고

쇼-쇼- 오마찌이따다케마스까
❶ 少々 お待ちいただけますか。
しょうしょう　ま

하이　마따세떼이따다키마스
❷ はい、待たせていただきます。
ま

쟈　마따　오카케시마스노데
❸ じゃ、また おかけしますので。

~까라　뎅와가　앗따또　오쯔따에구다사이
❹ ～から 電話が あったと お伝えください。
でんわ　つた

뎅와방고-오　오시에떼구다사이마스까
❺ 電話番号を 教えてくださいますか。
でんわばんごう　おし

상상니-노하찌상니-이찌데스
❻ 332-8321です。
さんさんにのはちさんにいち

오뎅와호시이또　오쯔따에구다사이
❼ お電話ほしいと お伝えください。
でんわ　つた

쟈　시쯔레-시마스
❽ じゃ、失礼します。
しつれい

❽「ごめんください」하고 끊을 수도 있다. 더 정중하게 말하려면 します를 いたします로 바꿔서「失礼(しつれい)いたします」라고 하면 된다.

1. 여권을 분실했을 때는

여권을 분실했을 때는 곧바로 대사관이나 영사관 등에 가서 분실신고를 하고 재발급 수속을 밟는다. 재발급 시에는 '6개월 이내에 찍은 사진, 일반여권 재발급 신청서 2통, 여권의 도난 · 분실증명서(현지 관할 경찰에서 발급), 신분증명서'가 필요하며, 여권이 재발급되기까지는 2주일 정도 걸린다.
일본에는 주일본대사관 외 9개의 총 영사관이 있다.
총영사관 소재지 : 고베, 나고야, 니가타, 삿뽀로, 센다이, 오사카, 요코하마, 히로시마, 후쿠오카
(도쿄 주일본대사관 영사부:03-3455-2601~3, 후쿠오카 총영사관:092-771-0461)

2. 항공권을 분실했을 때는

해외 여행 도중 항공권을 잃어 버린 경우에는 거의 모든 항공사에서 재발급을 해 준다. 따라서 항공권을 잃어버린 경우에는 해당 항공사 사무실로 가서 분실 사유서를 작성한다. 이때, 항공권을 언제, 어디서, 얼마에 구입했는지를 보고해야 하므로, 구입시 수첩에 적어 두는 것도 좋겠다.

3. 귀중품을 분실했을 때는

여행지에서는 마음이 들떠서인지 분실물 사고가 많이 일어나므로, 특별히 소지품을 잘 관리하도록 하고, 특별히 귀중한 물건은 호텔 금고나 객실에 비치되어 있는 금고에 보관해 두는 것이 좋다.

4. JR패스를 분실했을 때는

JR패스는 한번 잃어버리면 재발급 받을 수 없다. 일본에서 구입할 수도 없으므로 주의해야 한다.

5. 신용카드를 분실했을 때는

가장 먼저 신속하게 신고를 한다. 사용하기는 편리하지만 분실하면 그만큼 피해가 커지는 것이 바로 이 신용카드다.

트러블

*일본에서 카카오페이 · 네이버페이 될까?

카카오(알리)페이 / 네이버(라인)페이

일본 편의점 등에 계산대에 각가 페이 표시가 있으면 결제가 가능하다. 카드를 사용하는 것이 아니라 둘 다 현금이 출금되는 것이므로 결제은행계좌가 연결되어 있어야 한다. 네이버페이는 환전수수료가 없지만, 카카오페이는 환전수수료가 있으므로 참고. 편의점 등에서 이용할 경우 잔돈이 생기지 않으므로 편리하다.

6. 현금을 분실했을 때는

다른 어떤 경우보다 가장 골치아픈 것이 현금으로 된 여행 경비를 모두 분실하는 일이다. 이런 경우 여행을 지속하기 위해서는 경비가 필요하기 때문에 집에서 송금을 받을 수밖에 없다. 일본 현지에 있는 외환은행을 비롯한 우리나라의 은행 지점에 여권을 가지고 가서 계좌를 개설한 뒤 송금을 부탁하면 된다. 하지만 문제는 시간이 많이 걸린다는 것이다(2~3일). 이런 최악의 상황을 방지하기 위해서는 현금을 분산해서 보관하거나 현금보다는 카드나 휴대폰 페이를 이용하는 것이 낫다.

7. 비상시에는

비상시 경찰에 구조를 요청하려면 공중전화기의 빨간색 버튼을 누르고 110번, 화재신고나 구급차 호출은 119번을 누르면 된다.

긴급 연락처

- 주일 한국 대사관 (03)3452—7611
- 주일 대한민국 영사부 (03)3455—2601
- 재일 한국 거류민단 (044)411—6611
- 한국 관광공사 일본지사 (03)3597—1717
- 한국 외환은행 도쿄지점 (03)3261—3562

질병 ①

❶ 감기에 걸린 것 같습니다.

❷ 배가 아픕니다만….

❸ 소화불량에 듣는 약을 얻을 수 없을까요?

❹ 의사를 불러 주세요.

❺ 병원에 데려가 주실래요?

❻ 상태가 어떻습니까?

❼ 기침이 멈추지 않습니다.

❽ 기침이 심합니다.

word

❷ お腹(おなか) 배 / 痛(いた)い 아프다
❹ 医者(いしゃ) 의사
❻ 具合(ぐあい) 상태

카제오 히이따요-데스
❶ かぜを ひいたようです。

오나까가 이따인데스가
❷ お腹が 痛いんですが…。
なか いた

쇼-카후료-니 기쿠 구스리오 모라에마셍까
❸ 消化不良に 効く 薬を もらえませんか。
しょう か ふ りょう き くすり

이샤오 욘데구다사이
❹ 医者を 呼んでください。
い しゃ よ

뵤-잉에 츠레떼잇떼구다사이마스까
❺ 病院へ 連れていってくださいますか。
びょういん つ

돈나 구아이데스까
❻ どんな 具合ですか。
ぐ あい

세끼가 도마라나인데스
❼ せきが 止まらないんです。
と

세끼가 히도인데스
❽ せきが ひどいんです。

❼ せきが止(と)まる 기침이 멈추다
❽ ひどい 심하다

질병 ②

❶ 목이 몹시 아픕니다.

❷ 구토가 납니다.

❸ 설사를 합니다.

❹ 잠을 잘 못 잡니다.

❺ 식욕이 없습니다.

❻ 명치가 아픕니다.

❼ 발을 삐었습니다.

❽ 다리에 골절을 입었습니다.

word

❷ 吐き気(はきけ) 구토
❺ 食欲(しょくよく) 식욕
❻ 胸(むね)やけ 명치(위 부근)가 쓰리고 아픔

MP3 10-2

노도가 도떼모 이따인데스
❶ のどが とても 痛(いた)いんです。

하키케가 시마스
❷ 吐(は)き気(け)が します。

게리오 시떼이마스
❸ げりを しています。

요꾸 네무레나인데스
❹ よく 眠(ねむ)れないんです。

쇼쿠요쿠가 아리마셍
❺ 食欲(しょくよく)が ありません。

무네야케가 시마스
❻ 胸(むね)やけが します。

아시오 넨자시마시따
❼ 足(あし)を 捻挫(ねんざ)しました。

아시가 오레마시따
❽ 足(あし)が 折(お)れました。

❼ 足(あし) 발 / 捻挫(ねんざ) 염좌, 삠
❽ 折(お)れる 부러지다, 삐다

질병 ③

❶ 손가락을 데었습니다.

❷ 고기를 먹으면 알레르기가 일어납니다.

❸ 고혈압입니다.

❹ 여행을 계속할 수 있습니까?

❺ 술과 담배는 삼가해 주십시오.

❻ 진단서를 써 주세요.

❼ 영수증을 주세요.

❽ 처방전을 가지고 약국에 가십시오.

word

❶ やけどする 화상을 입다
❷ アレルギー 알레르기
❸ 高血圧(こうけつあつ) 고혈압

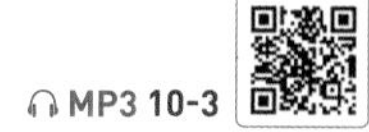

트러블

유비오 야케도시마시따
❶ 指を やけどしました。
ゆび

니꾸오 다베루또 아레루기-오 오코시마스
❷ にくを 食べると アレルギーを 起こします。
た お

코-케츠아츠데스
❸ 高血圧です。
こうけつあつ

료코-오 츠즈께라레마스까
❹ 旅行を 続けられますか。
りょこう つづ

오사께또 타바꼬와 히까에떼구다사이
❺ お酒と たばこは 控えてください。
さけ ひか

신단쇼오 가이떼구다사이
❻ 診断書を 書いてください。
しんだんしょ か

료-슈-쇼-오 구다사이
❼ 領収証を ください。
りょうしゅうしょう

쇼호-센오 못떼 약꾜꾸니 잇떼구다사이
❽ 処方箋を 持って 薬局に 行ってください。
しょほうせん も やっきょく い

❺ 控(ひか)える 삼가다
❻ 診断書(しんだんしょ) 진단서
❼ 領収証(りょうしゅうしょう) 영수증 = レシート

도난·분실 ①

❶ 제 짐이 보이지 않습니다.

❷ 제 가방이 없어졌습니다.

❸ 수하물 보관증은 있습니까?

❹ 무슨 편으로 오셨습니까?

❺ (항공권을 보이면서) 이 비행기로 왔습니다.

❻ 짐을 찾으면 연락해 주세요.

❼ 어디로 연락하면 됩니까?

❽ (연락처를 보이면서) 여기로 연락해 주세요.

word

❶ 見(み)つかる 발견되다, 찾다
❷ なくなる (물건이) 없어지다 / いなくなる (사람이) 없어지다
❹ 便(びん) ~편 / 来(こ)られる 오시다

와따시노 니모쯔가 미쯔까리마셍
❶ わたしの 荷物(にもつ)が 見(み)つかりません。

와따시노 박꾸가 나꾸나리마시따
❷ わたしの バックが なくなりました。

아즈까리쇼-와 아리마스까
❸ 預(あず)かり証(しょう)は ありますか。

도노 빙데 코라레마시따까
❹ どの 便(びん)で 来(こ)られましたか。

고노 빙데 키마시따
❺ この 便(びん)で 来(き)ました。

니모쯔가 미쯔캇따라 렌라꾸시떼구다사이
❻ 荷物(にもつ)が 見(み)つかったら、連絡(れんらく)してください。

도꼬에 렌라꾸시따라 이-데스까
❼ どこへ 連絡(れんらく)したら いいですか。

고꼬니 렌라꾸시떼구다사이
❽ ここに 連絡(れんらく)してください。

❻ 連絡(れんらく) 연락

도난·분실 ②

❶ 유실물센터는 어디입니까?

❷ 경찰을 불러 주세요.

❸ 경찰에 신고하고 싶습니다만….

❹ 어디에서 잃어버렸는지 모르겠어요.

❺ 한국대사관에 전화해 주세요.

❻ 지갑을 도난당했습니다.

❼ 여기에 두었던 가방이 없어졌어요.

❽ 지금 바로 카드 지불을 정지시켜 주세요.

word

❶ 忘(わす)れ物(もの)センター 유실물센터
❷ 警察(けいさつ) 경찰
❹ 大使館(たいしかん) 대사관

와스레모노센타-와 도꼬데스까
❶ 忘れ物センターは どこですか。
わす もの

게-사쯔오 욘데구다사이
❷ 警察を 呼んでください。
けいさつ よ

게-사쯔니 토도케따인데스가
❸ 警察に 届けたいんですが…。
けいさつ とど

도꼬데 나꾸시따노까 와까리마셍
❹ どこで なくしたのか わかりません。

캉꼬꾸타이시깐니 뎅와시떼구다사이
❺ 韓国大使館に 電話してください。
かんこくたいしかん でんわ

사이후오 누스마레마시따
❻ 財布を 盗まれました。
さいふ ぬす

고꼬니 오이떼오이따 가방가 나꾸나리마시따
❼ ここに置いておいた かばんがなくなりました。
お

스구니 카-도노 시하라이테-시오 오네가이시마스
❽ すぐに カードの 支払い停止を お願いします。
しはら ていし ねが

❻ 財布(さいふ) 지갑
盗(ぬす)む 훔치다
❼ 置いておいた = 置(お)いといた 두었던

내가 도움을 줘야 할 때

❶ (상대방이 넘어졌을 때) 괜찮으세요? (안 다쳤어요?)

❷ 왜 그러세요? (상대의 상태가 좀 이상해 보일 때)

❸ 안색이 안 좋아요.

❹ 도와 드릴까요?

❺ 어떻게 하면 돼죠?

❻ 정신 차리세요.

❼ 다른 사람한테 부탁해 볼게요.

❽ 앰뷸런스를 불러 드릴까요?

word

❶ 顔色(かおいろ) 안색

❻ 落(お)ち着(つ)く 안정되다, 차분하다, 정신을 차리다, 진정하다

다이죠-부데스까
❶ だいじょうぶですか。

도-시딴데스까
❷ どうしたんですか。

가오이로가 와루이데스요
❸ 顔色が 悪いですよ。
かおいろ わる

오테츠다이시마쇼-까
❹ お手伝いしましょうか。
て つだ

도-시따라 이-데쇼-
❺ どうしたら いいでしょう。

오찌쯔이떼
❻ 落ち着いて!
お つ

호까노 히또니 다논데미마쇼-
❼ ほかの 人に 頼んでみましょう。
ひと たの

큐-큐-샤오 요비마쇼-까
❽ 救急車を 呼びましょうか。
きゅうきゅうしゃ よ

❽ 救急車(きゅうきゅうしゃ) 구급차, 앰뷸런스
呼(よ)ぶ 부르다

긴급상황 경찰의 도움이 필요할 때

❶ 경찰 아저씨, 애가 없어졌어요.

❷ 친구가 안 보여요.

❸ 방송을 해 주세요.

❹ 조사해 주세요. / 찾아 주세요.

❺ 나이나 인상을 설명해 보세요.

❻ 다섯 살이고, 여자아이 / 남자아이예요.

❼ 키는 이 정도 되구요. 빨간 코트를 입었어요.

❽ 찾으면, 여기로 연락주세요.

word

❷ 姿(すがた) 모습
❸ 放送(ほうそう) 방송
❹ しらべる 조사하다 / さがす 찾다

MP3 10-7

① 오마와리상 고도모가 이나꾸나리마시따
おまわりさん、こどもが いなくなりました。

② 도모다찌노 스가타가 미에마셍
ともだちの 姿(すがた)が 見(み)えません。

③ 호-소-오 시떼구다사이
放送(ほうそう)を してください。

④ 시라베떼구다사이 사가시떼구다사이
しらべてください。/ さがしてください。

⑤ 넨레-야 가오츠끼나도오 세쯔메-시떼구다사이
年(ねん)れいや 顔(かお)つきなどを 説明(せつめい)してください。

⑥ 고사이데 온나노꼬 오토꼬노꼬데스
5才(ごさい)で、女(おんな)の子(こ) / 男(おとこ)の子(こ)です。

⑦ 세와 고레구라이데 아까이 코-토오 키떼이마스
背(せ)は これぐらいで、赤(あか)い コートを 着(き)ています。

⑧ 미츠깟따라 고꼬니 렌라꾸시떼구다사이
見(み)つかったら ここに 連絡(れんらく)してください。

⑤ 年(れん)れい 연령 / 顔(かお)つき 얼굴 생김새
⑥ 女(おんな)の子(こ) 여자 아이 / 男(おとこ)の子(こ) 남자 아이

교통사고

❶ 교통사고를 당했습니다.

❷ 충돌 사고를 당했습니다.

❸ 아내가 / 남편이 교통사고를 당했습니다.

❹ 차에 치였습니다.

❺ 구급차를 불러 주세요.

❻ 사고 증명서를 주세요.

❼ 제 과실이 아닙니다.

❽ 저는 횡단보도를 걷고 있었습니다.

word

❶ 交通事故(こうつうじこ) 교통사고
❷ 衝突(しょうとつ) 충돌
❸ 家内(かない) 아내 / 夫(おっと) 남편

코-쯔-지코니 아이마시따
❶ 交通事故に あいました。
こうつうじこ

쇼-토쯔지코니 아이마시따
❷ 衝突事故に あいました。
しょうとつじこ

카나이가 옷또가 코-쯔-지코니 아이마시따
❸ 家内が / 夫が 交通事故に あいました。
かない おっと こうつうじこ

구루마니 히까레마시따
❹ 車に ひかれました。
くるま

큐-큐-샤오 욘데구사아이
❺ 救急車を 呼んでください。
きゅうきゅうしゃ よ

지코쇼-메-쇼오 구다사이
❻ 事故証明書を ください。
じこしょうめいしょ

와따시노 가시쯔데와 아리마셍
❼ 私の 過失では ありません。
わたし かしつ

와따시와 오-단호도-데 아루이떼이마시따
❽ 私は 横断歩道で 歩いていました。
わたし おうだんほどう ある

❻ 証明書(しょうめいしょ) 증명서
❼ 過失(かしつ) 과실
❽ 横断歩道(おうだんほどう) 횡단보도

1. 일본에서 출국할 때

❶ 항공권의 예약 재확인

❷ 수하물 정리

❸ 출국 수속

❶ 왕복항공권을 구입한 경우에는 최소한 비행기 출발 72시간 전에 반드시 예약을 재확인해야 한다. 단체여행이라면 여행사에서 알아서 해주지만, 개인이라면 꼭 확인해야 한다.

❷ 짐을 쌀 때는 우선 탑승시의 허용 용량(개인당 20㎏)을 감안한다. 또 선물과 기념품 등 통관 검사를 받아야 할 것은 한 곳에 모아 따로 정리하면 통관시 간편하다. 여권 · 항공권 · 카메라 · 현금 등은 몸에 직접 소지한다. 기내에 들고 들어갈 수 있는 가방은 한 개이므로 공항이나 기내에서 면세 물품을 사게 될 경우를 예상해서 약간의 여유를 둔다. 또, 동전은 환전이 안되므로, 가능한 쓰는 것이 좋다.

❸ 각 공항에는 출발 2시간 전에 도착하는 것이 안전하다. 출국 수속은 매우 간단하다. 자신이 탑승할 항공사의 체크인 카운터로 가서 여권과 항공권, 그리고 일본 입국 때에 작성했던 출입국 신고서의 나머지 부분을 제시한다. 공항세는 도쿄의 나리타 공항은 2130엔, 오사카 간사이국제공항은 2,780엔 정도이다.

일본의 예약 재확인용 전화번호

도쿄 대한항공 서비스센터
03-5443-3388
(일본내 0570-05-2001)
도쿄 아시아나항공 서비스센터
03-5812-6600
(일본내 0570-082-555)

2. 한국에 귀국할 때

❶ 기내에서 휴대품 신고서 작성

❷ 입국 심사

❸ 세관 심사

❶ 도착하기 전에 기내에서 여행자 휴대품 신고서를 작성한다. 출입국 신고서 중 입국부분을 잃어 버렸을 때는 다시 쓴다. 신고서 앞면에는 성명 · 생년월일 · 주소 · 직업 · 국적 · 여행 목적 · 여권 번호 · 여권기간 · 동반 가족수를 기록한다. 면세인 경우는 앞면만 기록한다. 신고 대상 품목과 해외 구입 물품이 총 800달러를 넘을 경우에는 신고서 뒷면에 품목별로 수량과 가격을 기입해야 한다.

❷ 도착해서 입국심사장으로 간 다음, 여권과 출국 때 작성한 출입국 신고서의 나머지 부분을 제사한다. 입국 신고서는 회수하고, 여권에 입국 스템프를 찍어서 돌려 주면 심사는 끝난다. 이곳을 통과하면 다시 엑스레이 검색대를 통과한다. 1층으로 내려오면 수화물이 도착하는 턴 테이블이 있다. 자신이 타고 온 편명이 적힌 턴 테이블 옆에서 기다려 짐을 찾아 세관 검사대로 향한다.

❸ 세관의 검사대는 면세통로와 과세 통로로 구분되어 있는데 해당되는 통로를 선택해 심사대의 심사원에게 여행자 휴대폰 신고서를 제시하면 된다. 짐이 적거나 신고할 물품이 없는 사람은 면세 통로로, 짐이 많거나 신고 물품이 있는 사람은 과세 통로로 나간다.

*입국시 면세 범위

면세 물품	면세범위
기본 면세	800달러
술	2병(2L이하) · 400달러
담배	200개비(전자담배 니코틴 20ml)
향수	60ml

비행편의 확인

❶ 예약을 재확인하고 싶은데요.

❷ 예약 확인을 하고 싶은데요.

❸ 예약을 변경하고 싶습니다만.

❹ 서울행 KE103편입니다.

❺ 4월 2일편을 취소하고 싶은데요.

❻ 탑승 게이트는 어디입니까?

❼ 출발 게이트는 어디입니까?

❽ 대한항공 카운터는 어디입니까?

word

❶ 再確認(さいかくにん) 재확인
❸ 変更(へんこう) 변경
❻ 搭乗(とうじょう) 탑승

MP3 11-1

요야꾸오 사이카쿠닝시따인데스가
❶ 予約を 再確認したいんですが。
よやく さいかくにん

리콘파-무 시따인데스가
❷ リコンファーム したいんですが。

요야꾸오 헹코-시따인데스가
❸ 予約を 変更したいんですが。
よやく へんこう

소우루이끼 케-이-하꾸상빙데스
❹ Seoul行き KE103便です。
い びん

시가쯔후쯔까노 빙오 캰세루시따인데스가
❺ 4月2日の 便を キャンセルしたいんですが。
しがつふつか びん

토-죠-게-또와 도꼬데스까
❻ 搭乗ゲートは どこですか。
とうじょう

슛빠쯔게-또와 도꼬데스까
❼ 出発ゲートは どこですか。
しゅっぱつ

다이칸코-쿠-노 카운타-와 도꼬데스까
❽ 大韓航空の カウンターは どこですか。
だいかんこうくう

❼ 出発(しゅっぱつ) 출발
❽ カウンター 카운터

부록

가르쳐 주세요.

감사합니다.

갑시다.

건배.

고맙습니다.

괜찮습니다.

그건 좀 곤란한데요….

그럼, 안녕히 계십시오.

그렇습니까?

그렇습니다.

오시에떼구다사이
教えてください。
おし

아리가또-고자이마스
ありがとうございます。

이키마쇼-
行きましょう。
い

감빠이
かんぱい。

도-모 (아리가또-)
どうも(ありがとう)。

다이죠-부데스
だいじょうぶです。

소레와 춋또 고마리마스가
それは ちょっと こまりますが…。

쟈 시쯔레-시마스
じゃ、失礼します。
しつれい

소-데스까
そうですか。

소-데스
そうです。

부록

길을 잃어버렸습니다.

~까지 얼마나 걸리죠?

누구세요?

늦게 와서 죄송합니다.

다시 한번 말씀해 주세요.

덕분에 잘 지내고 있습니다.

데리고 가 주실 수 있습니까?

또 전화하겠습니다.

~라고 불러 주세요.

만나게 되어 반갑습니다.

미치니 마욧떼시마이마시따
みちに 迷ってしまいました。
まよ

~마데 도노구라이 카카리마스까
～まで どのぐらい かかりますか。

도나따데스까
どなたですか。

오소꾸낫떼 스미마셍
遅くなって すみません。
おそ

모-이찌도 옷샷떼구다사이
もう一度 おっしゃってください。
いちど

오카게사마데 겡키데스
おかげさまで 元気です。
げんき

츠레떼잇떼이따다케마스까
連れていっていただけますか。
つ

마따 오뎅와시마스
また お電話します。
でんわ

~또 욘데구다사이
～と 呼んでください。
よ

오아이데키떼 우레시-데스
お会いできて うれしいです。
あ

무슨 뜻이죠?

무슨 용건이시죠?

뭐가 맛있어요?

부탁합니다.

비싸네요.

상관없습니다.

성함이 어떻게 되시죠?

실례합니다.

싸게 해 주세요.

아뇨.

도-유- 이미데스까
どういう 意味ですか。
い み

고요-켕와 난데쇼-까
ご用件は なんでしょうか。
ようけん

나니가 오이시이데스까
なにが おいしいですか。

오네가이시마스
お願いします。
ねが

타까이데스네
高いですね。
たか

카마이마셍
かまいません。

오나마에와 난데스까
お名前は なんですか。
な まえ

시쯔레-시마스
失礼します。
しつれい

야스꾸시떼구다사이
安くしてください。
やす

이-에
いいえ。

안녕하세요? (아침인사)

안녕하세요? (점심인사)

안녕하세요? (저녁인사)

안 됩니다.

안부 전해 주세요.

어디서 오셨죠? (무슨 일로 왔냐고 물어볼 때)

어디에 있어요?

어디에서 팝니까?

어디예요?

어땠어요?

오하요-고자이마스
おはようございます。

곤니치와
こんにちは。

곰방와
こんばんは。

이케마셍
いけません。

요로시꾸 오츠따에구다사이
よろしく おつたえください。

도치라사마데스까
どちらさまですか。

도꼬니 아리마스까
どこに ありますか。

도꼬데 웃떼이마스까
どこで 売(う)っていますか。

도꼬데스까
どこですか。

이까가데시따까
いかがでしたか。

어떠세요?

어떻게 가면 되죠?

언제 끝납니까?

언제 됩니까?

언제 시작합니까?

언제 출발합니까?

얼마예요?

~에 가 주세요.

~에 가고 싶은데요.

~에 가는 길을 가르쳐 주세요.

이까가데스까
いかがですか。

도-　이케바　이-데스까
どういけば いいですか。

이츠　오와리마스까
いつ おわりますか。

이츠　데끼마스까
いつ できますか。

이츠　하지마리마스까
いつ はじまりますか。

이츠　슛빠쯔시마스까
いつ 出発(しゅっぱつ)しますか。

이꾸라데스까
いくらですか。

~에　잇떼구다사이
～へ 行(い)ってください。

~에　이키따인데스가
～へ 行(い)きたいんですが。

~에　이꾸미치오　오시에떼구다사이
～へ 行(い)くみちを おしえてください。

부록

여기서 담배를 피워도 됩니까?

여기서 멉니까? 가깝습니까?

여기에 전화해 주실 수 있습니까?

예.

오랜만이네요.

자리(좌석)를 바꿔도 됩니까?

잘 먹겠습니다.

잘 먹었습니다.

잘 부탁드립니다. (처음 만났을 때의 인사)

잘 지내셨어요?

고꼬데 타바꼬오 슷떼모 이-데스까
ここで たばこを すっても いいですか。

고꼬카라 토-이데스까 치까이데스까
ここから とおいですか。 ちかいですか。

고꼬니 뎅와시떼 이따다케마스까
ここに 電話(でんわ)して いただけますか。

하이
はい。

오히사시부리데스네
おひさしぶりですね。

세끼오 카왓떼모 이-데스까
席(せき)を 替(か)わっても いいですか。

이따다키마스
いただきます。

고치소-사마데시따
ごちそうさまでした。

도-조 요로시꾸
どうぞ よろしく。

오겡끼데스까
お元気(げんき)ですか。

잠깐 실례하겠습니다.

잠깐 좀 여쭤보고 싶은게 있는데요.

전화 왔었다고 전해 주세요.

제가 사 드리겠습니다. (음식 접대)

좀 더 천천히 말해 주세요.

좋습니다.

죄송합니다.

처음 뵙겠습니다.

천만에요.

축하드립니다.

촛또　　　시쯔레-시마스
ちょっと 失礼します。
しつれい

촛또　　　오키키시따이고토가　　　아룬데스가
ちょっと お聞きしたいことが あるんですが。
き

뎅와앗따또　　　오츠따에구다사이
電話あったと お伝えください。
でんわ　　　つた

와따시가　고치소-시마스
わたしが ごちそうします。

모-스꼬시　　육꾸리　　하나시떼구다사이
もうすこし ゆっくり はなしてください。

이-데스요
いいですよ。

모-시와케아리마셍
申しわけありません。
もう

하지메마시떼
はじめまして。

도-이따시마시떼
どういたしまして。

오메데토-고자이마스
おめでとうございます。

부록

안내데스크에서

어서 오십시오.

가토 씨를 뵈러 왔습니다.(뵙고 싶은데요.)

실례지만 약속하셨나요?

실례지만, 성함이 어떻게 되세요?

2시에 만나뵙기로 되어 있는데요.

잠시만 기다려 주십시오.

7층으로 올라가시면 됩니다.

(제가) 안내해 드리겠습니다.

(손으로 가리키며) 엘리베이터는 저쪽에 있습니다.

이쪽으로 오세요.

이랏샤이마세
いらっしゃいませ。

가토-상니 오메니 카카리따인데스가
加藤さんに お目に かかりたいんですが。
かとう め

시쯔레-데스가 오야쿠소쿠나사이마시따까
失礼ですが、お約束なさいましたか。
しつれい やくそく

시쯔레-데스가 오나마에와
失礼ですが、お名前は。
しつれい なまえ

니지니 오메니카카루코토니 낫떼이마스가
2時に お目にかかることに なっていますが。
にじ め

쇼-쇼- 오마찌구다사이
少々 お待ちください。
しょうしょう ま

나나카이마데 오아가리구다사이
7階まで お上がりください。
ななかい あ

와따꾸시가 고안나이이따시마스
(私が) ご案内いたします。
わたくし あんない

에레베-타-와 아찌라데스
エレベーターは あちらです。

도-조 고찌라에
どうぞ こちらへ。

부록

자기소개

안녕하세요. 서울무역의 김민수입니다.

김민수 씨에 대해서는 말씀 많이 들었습니다.

만나뵙고 싶었습니다.

늦어서 죄송합니다.

기다리시게 해서 죄송합니다.

제품설명

이게 신제품 카탈로그입니다.

특히 젊은층에 인기가 있습니다.

대기업에도 납품한 실적을 가지고 있습니다.

엄격한 테스트를 거치고 있습니다.

품질과 가격 경쟁력이 장점입니다.

하지메마시떼 소우루보-에끼노 김민수데스
はじめまして。ソウル貿易の 金ミンスです。
ぼうえき キム

김상노고또와 카네가네 우카갓떼오리마스
金さんのことは かねがね うかがっております。
キム

오아이데끼루노오 타노시미니시떼이마시따
お会いできるのを 楽しみにしていました。
あ たの

오소꾸낫떼 스미마셍
遅くなって すみません。
おそ

오마따세시떼 스미마셍
お待たせして すみません。
ま

고레가 신쇼-힝노 카타로구데스
これが 新商品の カタログです。
しんしょうひん

토꾸니 와까이히또니 닌끼가 아리마스
特に 若い人に 人気が あります。
とく わか ひと にん き

오-테키교-니모 노-힝사세떼이따다이떼오리마스
大手企業にも 納品させていただいております。
おお て き ぎょう のうひん

키비시- 테스또오 오꼬낫떼오리마스
厳しい テストを 行っております。
きび おこな

힌시쯔또 네단노 쿄-소-료꾸가 메릿또다또오모이마스
品質と 値段の 競争力が メリットだと思います。
ひんしつ ね だん きょうそうりょく おも

부록

상담 · 교섭

이건 어떤 상품이죠?

판매는 어떻습니까?

꾸준히 성장세를 보이고 있습니다.

소비자의 반응은 어떻습니까?

나온 지 얼마 되지 않았지만, 반응이 아주 좋은 편입니다.

음, 잠깐만요.(좀 보구요…)

생각 좀 해보구요.

좀 더 검토해보고 연락드리겠습니다.

설명 잘 들었습니다.

저희도 적극적으로 검토해 보겠습니다.

고레와 도노요-나 시나모노데스까
これは どのような 品物ですか。
しなもの

함바이노 호-와 이까가데스까
販売の 方は いかがですか。
はんばい ほう

안떼-시따 노비오 미세떼오리마스
安定した 伸びを 見せております。
あんてい の み

쇼-히샤노 한노-와 도-데스까
消費者の 反応は どうですか。
しょう ひ しゃ はんのう

데따바까리노모노데스가 나까나까 코-효-데스
出たばかりのものですが、なかなか 好評です。
で こうひょう

으~음 소-데스네
う～ん、そうですね。

모-스꼬시 캉가에사세떼구다사이
もう少し 考えさせてください。
すこ かんが

모-스꼬시 켄또-시떼까라 고렌라꾸시마스
もう少し 検討してから ご連絡します。
すこ けんとう れんらく

고세츠메- 아리가또-고자이마시따
ご説明 ありがとうございました。
せつめい

와따꾸시도모모 마에무키니 켄또-사세떼이따다키마스
私 共も 前向きに 検討させていただきます。
わたくしども まえ む けんとう

금주 중으로 대답해 드리겠습니다.

몇 가지 여쭤봐도 되겠습니까?

좀 더 시간이 걸린다는 말씀이시군요.

다시 한번 더 설명드릴까요?

의문나시는 것이 있으시면 말씀해 주십시오.

계약서를 준비해도 되겠습니까?

A건에 대해 말씀드리겠습니다.

귀사의 책을 한국에서 출판하고 싶습니다만.

말씀 중에 죄송합니다만.

갑자기 화제가 바뀝니다만...

콘슈-츄-니 오코따에시마스
今週中に お答えします。
こんしゅうちゅう こた

이꾸츠까 오우까가이시떼모 요로시-데스까
いくつか おうかがいしても よろしいですか。

모-스꼬시 지깡가 카카루또유-코또데스네
もう少し 時間が かかるということですね。
すこ じかん

모-이찌도 고세츠메-시마쇼-까
もう一度 ご説明しましょうか。
いちど せつめい

고시쯔몬가 오아리데시따라 도-조
ご質問が おありでしたら どうぞ。
しつもん

게-야꾸쇼오 쥰비시떼모 요로시-데스까
契約書を 準備しても よろしいですか。
けいやくしょ じゅんび

에-노 켄니 쯔이떼 모-시아게마스
Aの 件に ついて 申しあげます。
けん もう

온샤노 홍오 캉꼬꾸데 슛빤시따인데스가
御社の 本を 韓国で 出版したいんですが…
おんしゃ ほん かんこく しゅっぱん

오하나시츄- 스미마셍가
お話中 すみませんが…。
はなしちゅう

큐-니 와다이가 카와리마스가
急に 話題が 変わりますが…。
きゅう わだい か

지난번 팩스로 보내드렸던 기획안은

검토해 보셨습니까?

계약의 성사

자, 여기 계약서입니다.

여기하고, 여기, 사인하시면 됩니다.

계약서가 한글로 되어 있는데요.

계약서를 우편으로 보내드리겠습니다.

괜찮으십니까?

귀사와 같이 일을 할 수 있게 되어 영광스럽습니다.

기대에 어긋나지 않도록 최선을 다하겠습니다.

저희도 좀 더 생각해 보겠습니다.

고노아이다 확꾸스데 오오쿠리 키카구쇼와
この間 ファックスで お送りした 企画書は
あいだ おく き かくしょ

고켄또-이따다케따데쇼-까
ご検討いただけたでしょうか。
けんとう

하이 고찌라노 호-가 케-야꾸쇼니 나리마스
はい、こちらの 方が 契約書に なります。
ほう けいやくしょ

고꼬또 고꼬니 사인 오네가이시마스
ここと ここに サイン お願いします。
ねが

케-야꾸쇼가 한글니 낫떼이마스가
契約書が ハングルに なっていますが。
けいやくしょ

케-야꾸쇼오 유-빙데 오오쿠리시마스
契約書を 郵便で お送りします。
けいやくしょ ゆうびん おく

요로시-데스까
よろしいですか。

온샤또 고잇쇼니 시고또가 데끼 코-에-데스
御社と ご一緒に 仕事が でき 光栄です。
おんしゃ いっしょ し ごと こうえい

고키따이니 소에루요- 감바리따이또오모이마스
ご期待に そえるよう がんばりたいと思います。
き たい おも

와따꾸시도모노 호-데모 캉가에사세떼이따다키마스
私共の 方でも 考えさせていただきます。
わたくしども ほう かんが

계약이 성사되지 않았을 때

다음 기회에 다시 뵙게 되기를 바랍니다.

회의를 거쳐 연락을 드리도록 하겠습니다.

시간을 내주셔서 감사했습니다.

다시 한번 검토해 주시지 않겠습니까?

바쁘신데 정말 감사합니다.

방문지를 나올 때

그럼, 다음에 또 뵙겠습니다.

(보내는 사람이) 그럼, 살펴 가십시오.

(가는 사람이) 안녕히 계십시오.

사교 · 친교

한국에는 언제 오셨어요?

어제 저녁에 왔습니다.

마따노 키까이니 오아이데끼따라또 오모이마스
またの機会にお会いできたらと思います。
きかい あ おも

카이샤오 토-시떼 렌라꾸사세떼이따다키마스
会社を通して連絡させていただきます。
かいしゃ とお れんらく

오지캉오사이떼이따다키 아리가또-고자이마시따
お時間をさいていただきありがとうございました。
じかん

모-이찌도 고켄또- 이따다케나이데쇼-까
もう一度ご検討いただけないでしょうか。
いちど けんとう

오이소가시-도코로 아리가또-고자이마시따
お忙しいところありがとうございました。
いそが

쟈 마따 오아이시마쇼-
じゃ、またお会いしましょう。
あ

쟈 오키오 쯔케떼
じゃ、お気をつけて。
き

시쯔레-시마스
失礼します。
しつれい

캉꼬꾸니와 이쯔 이랏샤딴데스까
韓国にはいついらっしゃったんですか。
かんこく

유-베 키마시따
ゆうべ来ました。
き

부록

한국은 이번이 처음이세요?

아뇨, 세 번째입니다.

자주 오는 편입니다.

피곤하시겠군요.

일부러 (여기까지) 찾아와 주셔서 감사합니다.

헤매지 않으셨나요?

보내주신 약도로 찾아올 수 있었습니다.

조금 헤맸습니다.

시원한 거라도 드시겠어요?

전화걸 때 · 받을 때

여보세요, 여기 금강기획인데요.

캉꼬꾸와 곤까이 하지메떼데스까
韓国は 今回 初めてですか。
かんこく こんかい はじ

이-에 상까이메데스
いいえ、3回目です。
さんかい め

숏츄- 키마스요
しょっちゅう 来ますよ。
き

오츠까레데쇼-
お疲れでしょう。
つか

와자와자 키떼이따다이떼 아리가또-고자이마스
わざわざ 来ていただいて ありがとうございます。
き

미찌니 마요와레마셍데시따까
道に 迷われませんでしたか。
みち まよ

오꿋떼구다삿따 랴꾸즈데 쿠루고또가데키마시따
送ってくださった 略図で 来ることができました。
おく りゃく ず く

스꼬시 마요이마시따
少し 迷いました。
すこ まよ

나니까 츠메따이모노데모 이까가데스까
何か 冷たいものでも いかがですか。
なに つめ

모시모시 고찌라와 금강키카꾸데스가
もしもし、こちらは クムガン企画ですが。
き かく

부록

가토 씨 좀 부탁드립니다.

네, 잠시만 기다려 주십시오.

전화 바꿨습니다. 가토입니다.

아, 네, 전 금강기획의 이영은이에요.

아, 네, 안녕하세요?

네, 다름 아니라…

가토 씨는 지금 자리를 비우고 없는데요.

지금, 다른 전화를 받고 있는데요.

그럼, 나중에 다시 걸겠습니다.

몇 시쯤 전화드리면 되겠습니까?

가토-상 오네가이시마스
加藤さん お願いします。
かとう ねが

하이 쇼-쇼 오마치구다사이
はい、少々 お待ちください。
しょうしょう ま

오뎅와 카와리마시따 가토-데스
お電話 かわりました。加藤です。
でんわ かとう

와따시와 금강키카꾸노 이영은또 모-시마스
私は クムガン企画の 李栄恩と 申します。
わたし きかく イヨンウン もう

앗 하이 곤니찌와
あっ、はい、こんにちは。

하이 도꼬로데
はい、ところで…

가토-와 타다이마 세끼오 하즈시떼오리마스가
加藤は ただいま 席を はずしておりますが。
かとう せき

타다이마 호까노 뎅와니 데떼오리마스가
ただ今、他の 電話に 出ておりますが。
ほか でんわ で

소레데와 아또데 모-이찌도 오뎅와시마스
それでは、あとで もう一度 お電話します。
いちど でんわ

난지고로 오뎅와스레바 요로시-데스까
何時ごろ お電話すれば よろしいですか。
なんじ でんわ

부록

한국의 이영은에게서 전화 왔었다고 전해 주세요.

전화번호는 가토가 알고 있습니까?

혹시 모르니까, 전화번호를 말씀해 주세요.

이쪽에서 연락드리도록 하겠습니다.

팩스

지금 막 팩스를 보내드렸는데,

받아보셨나요?

팩스 받으시는 대로 전화 주십시오.

빠른 회신을 부탁드립니다. (팩스문서에서)

보내주신 팩스는 잘 받았습니다.

팩스 받았습니다.

이-영은까라 덴와가 앗따또 오쯔따에구다사이
李栄恩から 電話が あったと お伝えください。
イ ヨンウン でんわ つた

뎅와방고-와 가토-가 존지떼이마스데쇼-까
電話番号は 加藤が 存じていますでしょうか。
でんわ ばんごう かとう ぞん

넨노타메 뎅와방고-오 옷샤떼구다사이
念のため 電話番号を おっしゃってください。
ねん でんわ ばんごう

고찌라노호-까라 고렌라꾸이따시마스
こちらのほうから ご連絡いたします。
れんらく

탓따이마 확꾸스오 오오쿠리시따노데스가
たった今 FAXを お送りしたのですが。
いま おく

오우케토리니 나라레마시따까
お受け取りに なられましたか。
う と

확꾸스오 오우케토리시다이 오뎅와구다사이
FAXを お受け取り次第 お電話ください。
う と しだい でんわ

시큐- 오헨지 오네가이이따시마마스
至急 お返事 お願いいたします。
しきゅう へんじ ねが

오쿳떼쿠다삿따 확꾸스와 우케토리마시따
送ってくださった FAXは 受け取りました。
おく う と

확꾸스 우케토리마시따
FAX 受け取りました。
う と

부록

들어오시면 바로 전화주십시오. (응답기에 녹음할 때)

팩스가 안 들어와서 그러는데요.

죄송하지만, 다시 한번 보내 주세요.

글씨가 잘 안 보이니까,

다시 한번 보내 주세요.

마지막 페이지가 오다가 잘렸어요.

그것만 다시 보내 주세요.

식사 · 접대

오늘 저녁 식사 같이 하시죠?

오늘은 제가 대접해 드리겠습니다.

식사라도 같이 하시죠?

오모도리시다이 시큐- 오뎅와구다사이
おもどり次第 至急 お電話ください。
しだい しきゅう でんわ

확꾸스가 키떼이나이노데스가
FAXが 来ていないのですが…。
き

모-시와케아리마셍가 모-이찌도 오쿳떼구다사이
申しわけありませんが、もう一度 送ってください。
もう いちど おく

지가 요꾸 미에나이노데
字が よく 見えないので、
じ み

모-이찌도 오네가이시마스
もう一度 お願いします。
いちど ねが

사이고노 확꾸스가 토츄-데 키레떼시마이마시따
最後の FAXが 途中で 切れてしまいました。
さいご とちゅう き

소레다케 모-이찌도 오쿳떼구다사이
それだけ もう一度 送ってください。
いちど おく

콘반 유-쇼꾸 고잇쇼니 이까가데스까
今晩 夕食 ご一緒に いかがですか。
こんばん ゆうしょく いっしょ

쿄-와 와따시가 고치소-이따시마스
今日は 私が ご馳走いたします。
きょう わたし ちそう

오쇼꾸지데모 고잇쇼시마셍까
お食事でも ご一緒しませんか。
しょくじ いっしょ

부록

7시에 5명 예약했는데요.

자, 안쪽으로 앉으세요.

편히 앉으세요.

뭐가 좋을까요?

알아서 해주세요. (맡기겠습니다.)

그럼, 이 집에서 잘하는 것으로 시키겠습니다.

음료는 맥주 괜찮으세요?

그럼, 건배하시죠.

(접대하는 사람이) 자, 드세요.

일단, 맥주 한잔 드시죠.

시찌지니 고닝데 요야꾸시떼아룬데스가
7時に 五人で 予約してあるんですが。
しちじ ごにん よやく

사- 오꾸노호-니 도-조 오스와리구다사이
さあ、奥の方に どうぞ お座りください。
おく ほう すわ

도-조 라꾸니 나삿떼구다사이
どうぞ 楽に なさってください。
らく

나니가 이-데스까
何(なに)が いいですか。

오마카세시마스
お任かせします。
ま

쟈 고노미세노 오스스메메뉴-오 츄-몬시마스
じゃ、この店の おすすめメニューを 注文します。
みせ ちゅうもん

노미모노와 비-루데 요로시-데스까
飲み物は ビールで よろしいですか。
の もの

데와 감빠이시마쇼-
では、乾杯しましょう。
かんぱい

사- 도-조 메시아갓떼구다사이
さあ、どうぞ 召し上がってください。
め あ

토리아에즈 비-루오 입빠이 도-조
とりあえず ビールを 一杯 どうぞ。
いっぱい

차린 건 없지만,

많이 드세요.

잘 먹겠습니다.

잘 먹었습니다.

맛이 어떠세요?

입에 맞으세요?

역시 본고장에서 먹으니 정말 맛있네요.

더 드시죠? / 더 드릴까요?

너무 많이 먹었습니다.

배가 부른걸요.

나니모 아리마셍가
何も ありませんが、
なに

탁상 메시아갓떼구다사이
たくさん 召し上がってください。
め あ

이따다키마스
いただきます。

고치소-사마데시따
ごちそうさまでした。

아지와 이까가데스까
味は いかがですか。
あじ

오쿠치니 아이마스까
お口に 合いますか。
くち あ

사스가 혼바노아지 혼또-니 오이시이데스네
さすが 本場の味、本当に おいしいですね。
ほん ば あじ ほんとう

오카와리와 도-데스까
お代わりは どうですか。
か

탁상 이따다키마시따
たくさん いただきました。

모- 오나까가 입빠이데스
もう おなかが いっぱいです。

부록

자, 그럼 일어나실까요?

접대가 끝나고 헤어질 때

(접대받은 사람이) 오늘 정말 잘 먹었습니다.

정말 맛있었습니다.

(접대한 사람이) 맛있게 드셨다니 다행입니다.

그럼, 살펴 가십시오.

그럼, 내일 아침 호텔 로비에서 (뵙겠습니다.)

오늘은 피곤하실 테니까

푹 쉬십시오.

호텔까지 안내해 드리지요.

일부러 감사합니다.

소레쟈　소로소로　오히라키니시마쇼-까
それじゃ、そろそろ お開きにしましょうか。
ひら

쿄-와　혼또-니 고치소-사마데시따
今日は 本当 ごちそうさまでした。
きょう　ほんとう

도떼모　오이시캇따데스
とても おいしかったです。

료-리가　오쿠치니　앗떼　요캇따데스
料理が お口に 合って よかったです。
りょうり　くち　あ

쟈　오키오쯔케떼　(오카에리구다사이)
じゃ、お気をつけて (お帰りください)。
き　かえ

쟈　아시따　호테루노　로비-데
じゃ、明日 ホテルの ロビーで。
あした

쿄-와　오쯔까레데쇼-까라
今日は お疲れでしょうから
きょう　つか

육꾸리　오야스미구다사이
ゆっくり お休みください。
やす

호테루마데　고안나이시마스
ホテルまで ご案内いたします。
あんない

와자와자　아리가또-고자이마스
わざわざ ありがとうございます。

가게	店(みせ)	미세
가격	価格(かかく)	카카쿠
가구	家具(かぐ)	카구
가깝다	近(ちか)い	치까이
가끔	たまに	타마니
가는 방법	行(い)き方(かた)	이키까따
가늘다	細(ほそ)い	호소이
가능하다	できる	데키루
가다	行(い)く	이쿠
가득(만원)	いっぱい	입빠이
가르쳐 주세요	おしえてください	오시에떼구다사이
가방	かばん	가방
가볍다	軽(かる)い	가루이
가수	歌手(かしゅ)	카슈
가아제	ガーゼ	가-제
가운데, 안	中(なか)	나까
가위	はさみ	하사미
가을	秋(あき)	아키
가족	家族(かぞく)	카조꾸

가지고 오다	持(も)ってくる	못떼쿠루
각자부담	わりかん	와리캉
간장	醤油(しょうゆ)	쇼-유
간호사	看護婦(かんごふ)	캉고후
갈아타다	乗(の)り換(か)える	노리카에루
감기약	風邪薬(かぜぐすり)	카제구스리
감독	監督(かんとく)	칸또꾸
갑자기	急(きゅう)に	큐-니
값	値段(ねだん)	네단
강사	講師(こうし)	코-시
강하다	強(つよ)い	츠요이
갖고 싶다	欲(ほ)しい	호시이
같다	同(おな)じだ	오나지다
같이	一緒(いっしょ)に	잇쇼니
거기에	そこに	소꼬니
거스름돈	おつり	오츠리
건강하다	元気(げんき)だ	겡키다
건너다	渡(わた)る	와타루
건배	かんぱい	칸빠이

부록

건전지	電池(でんち)	덴치
검다	黒(くろ)い	쿠로이
검사	検査(けんさ)	켄사
게임	ゲーム	게-무
게임씨디	ゲームCD	게-무씨-디-
겨울	冬(ふゆ)	후유
결정되다	決(き)まる	키마루
결혼기념일	結婚記念日(けっこんきねんび)	켁꼰키넨비
경고	警告(けいこく)	케-코꾸
경기	景気(けいき)	케-키
경영자	経営者(けいえいしゃ)	케-에-샤
경찰관	警官(けいかん)	케-칸
계단	階段(かいだん)	카이당
계란	卵(たまご)	타마고
계산	会計(かいけい)	카이케-
계약서	契約書(けいやくしょ)	케-야꾸쇼
고국	お国(くに)	오꾸니
고급	高級(こうきゅう)	코-큐-
고등학생	高校生(こうこうせい)	코-코-세-

고맙습니다	ありがとう(ございます)	아리가또-(고자이마스)
고장	故障(こしょう)	코쇼-
고추장	とうがらしみそ	토-가라시미소
고향	ふるさと	후루사또
곧	すぐ	스구
골동품	骨董品(こっとうひん)	곳토-힝
골프	ゴルフ	고루후
곳(장소)	ところ	도꼬로
공동	共同(きょうどう)	쿄-도-
공무원	公務員(こうむいん)	코-무잉
공원	公園(こうえん)	코-엥
공장	工場(こうじょう)	코-죠-
공중전화	公衆電話(こうしゅうでんわ)	코-슈-뎅와
공항	空港(くうこう)	쿠-코-
과일	果物(くだもの)	구다모노
과자	お菓子(かし)	오카시
과장	課長(かちょう)	카쵸-
광고	広告(こうこく)	코-코쿠
CF	コマーシャル	코마-샤루

괜찮아요	大丈夫(だいじょうぶ)です	다이죠-브데스
교사	教師(きょうし)	쿄-시
교수	教授(きょうじゅ)	쿄-쥬
교통사고	交通事故(こうつうじこ)	코-츠-지코
교회	教会(きょうかい)	쿄-카이
구(9)	九(きゅう)	큐-
구급차	救急車(きゅうきゅうしゃ)	큐-큐-샤
구두	くつ	쿠츠
구름	雲(くも)	쿠모
구십(90)	九十(きゅうじゅう)	큐쥬-
구워 주세요	焼(や)いてください	야이테구다사이
구월(9월)	九月(くがつ)	구가츠
구일(9일)	九日(ここのか)	고꼬노까
국내선	国内線(こくないせん)	코쿠나이센
국수	そば	소바
국적	国籍(こくせき)	코쿠세키
국제	国際(こくさい)	코쿠사이
국제선	国際線(こくさいせん)	코쿠사이센
국제전화	国際電話(こくさいでんわ)	코쿠사이뎅와

군인	軍人(ぐんじん)	군진
굵다	太(ふと)い	후토이
귀엽다	かわいい	가와이이
귤	みかん	미캉
그것	それ	소레
그런데	ところで	도코로데
그렇습니다	そうです	소-데스
그림엽서	絵葉書(えはがき)	에하가키
그쪽	そちら/そっち	소치라/솟찌
극장	映画館(えいがかん)	에-가캉
근처	近(ちか)く	치까꾸
금연	禁煙(きんえん)	킹엥
금연석	禁煙席(きんえんせき)	킹엥세키
금요일	金曜日(きんようび)	킹요-비
금지	禁止(きんし)	킹시
기내식	機内食(きないしょく)	기나이쇼꾸
기독교	キリスト教(きょう)	기리스토쿄-
기억하다	覚(おぼ)える	오보에루
기자	記者(きしゃ)	기샤

부록

기차	汽車(きしゃ)	기샤
긴급	緊急(きんきゅう)	킹큐-
길	道(みち)	미치
길다	長(なが)い	나가이
김	のり	노리
~까지	~まで	마데
깨끗하다	きれいだ	키레이다
꽤	けっこう	켁꼬-
꿈	夢(ゆめ)	유메
나	私(わたし)	와따시
나쁘다	悪(わる)い	와루이
나의~	私(わたし)の	와따시노
나중에	後(あと)で	아또데
낚시	つり	츠리
난방	だんぼう	담보-
날씨	天気(てんき)	텡끼
남	南(みなみ)	미나미
남성용	男性用(だんせいよう)	단세-요-
남자	男(おとこ)の人(ひと)	오또꼬노히토

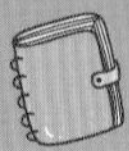

남편	主人(しゅじん)	슈진
낮다	低(ひく)い	히꾸이
내 것	わたしのもの	와따시노모노
내리는 곳	降(お)り場(ば)	오리바
내리다	降(お)りる	오리루
내의 · 속옷	したぎ	시따기
냉수	おひや	오히야
냉커피	アイスコーヒー	아이스코-히-
넓다	広(ひろ)い	히로이
네 사람	四人(よにん)	요닝
네 시(4시)	四時(よじ)	요지
넷, 네 개	四(よっ)つ	욧츠
노랗다	黄色(きいろ)い	키-로이
노래	歌(うた)	우따
노벨평화상	ノーベル平和賞(へいわしょう)	노-베루헤-와쇼-
노선도	路線図(ろせんず)	로센즈
녹음기	録音機(ろくおんき)	로꾸옹키
녹차	お茶(ちゃ)	오챠
농담	冗談(じょうだん)	죠-단

부록

높다	高(たか)い	다카이
누가	だれが	다레가
누구	だれ	다레
누구라도	だれでも	다레데모
뉴스	ニュース	뉴-스
느리다	遅(おそ)い	오소이
다다음주	さ来週(らいしゅう)	사라이슈-
다섯	五(いつ)つ	이츠츠
다섯 사람	五人(ごにん)	고닝
다섯 시(5시)	五時(ごじ)	고지
다음	次(つぎ)	츠기
다음 주	来週(らいしゅう)	라이슈-
다음 달	来月(らいげつ)	라이게츠
단체로	団体(だんたい)で	단따이데
닫다	閉(し)める	시메루
달다	甘(あま)い	아마이
달러	ドル	도루
닭고기	とりにく	토리니꾸
담배	たばこ	타바꼬

당기다	引(ひ)く	히꾸
당신	あなた	아나따
당일치기	日帰(ひがえ)り	히가에리
당장	今(いま)すぐ	이마스구
대중가요	ポップス	포푸스(pops)
대통령	大統領(だいとうりょう)	다이토-료-
대학생	大学生(だいがくせい)	다이각세-
대형	大型(おおがた)	오-가따
더	もっと	못또
더럽다	汚(きたな)い	키타나이
덥다	暑(あつ)い	아츠이
도둑	どろぼう	도로보-
도서관	図書館(としょかん)	토쇼캉
도착	到着(とうちゃく)	토-챠꾸
도청(도쿄도청)	都庁(とちょう)	토쵸-
독신	独身(どくしん)	도꾸신
돈	お金(かね)	오까네
동	東(ひがし)	히가시
동물원	動物園(どうぶつえん)	도-부츠엥

돼지고기	ぶたにく	부따니꾸
된장	みそ	미소
두 병	二本(にほん)	니홍
두 사람	二人(ふたり)	후따리
두 시(2시)	二時(にじ)	니지
두 장	二枚(にまい)	니마이
두껍다	厚(あつ)い	아츠이
둘	二(ふた)つ	후타츠
둥글다	まるい	마루이
뒤	後(うしろ)ろ	우시로
드라이어	ドライヤー	도라이야-
디자이너	デザイナー	데자이나-
디저트	デザート	데자-토
디지털카메라	デジタルカメラ(デジカメ)	데지타루카메라 (데지카메)
따뜻하다	暖(あたた)かい	아타타카이
따로따로	別々(べつべつ)に	베츠베츠니
따분하다	つまらない	츠마라나이
딸	娘(むすめ)	무스메
또	また	마따

똑바로	まっすぐ	맛스구
뜨겁다	熱(あつ)い	아쯔이
라디오	ラジオ	라지오
라면	ラーメン	라-멘
립스틱	口紅(くちべに)	구치베니
마감	しめきり	시메키리
마지막	最後(さいご)	사이고
막차	終電(しゅうでん)	슈-뎅
만	万(まん)	만
만화	漫画(まんが)	망가
만화가	漫画家(まんがか)	망가카
많이	たくさん	타쿠상
말하다	言(い)う	이우
맛없다	まずい	마즈이
맛없다	おいしくない/まずい	오이시쿠나이/마즈이
맛있다	おいしい	오이시이
맞은편	向(む)かい	무카이
맡기다	あずける	아즈케루
매우	とても	도떼모

부록

매표소	切符売り場(きっぷうりば)	킷뿌우리바
맥주	ビール	비-루
맵다	辛(から)い	카라이
먹다	食(た)べる	타베루
멀다	遠(とお)い	토-이
멀리	遠(とお)く	토-쿠
메뉴	メニュー	메뉴-
메밀국수	ざるそば	자루소바
메시지	メッセージ	멧세-지
면도기	ひげそり	히게소리
면류(분식)	麺類(めんるい)	멘루이
면세	免税(めんぜい)	멘제-
면세품	免税品(めんぜいひん)	멘제-힝
면허증	免許証(めんきょしょう)	멘쿄쇼-
명함	名刺(めいし)	메-시
명함지갑	名刺(めいし)入(い)れ	메-시이레
몇 개	いくつ	이꾸츠
몇 명	何人(なんにん)	난닝
몇 층	何階(なんがい)	낭가이

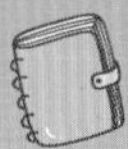

모포	毛布(もうふ)	모-후
목걸이	ネックレス	넷쿠레스
목요일	木曜日(もくようび)	모꾸요-비
목욕실	バス	바스
목욕하다	おふろに はいる	오후로니 하이루
목적지	目的地(もくてきち)	모쿠테키치
못하다, 서투르다	下手(へた)だ	헤따다
무겁다	重(おも)い	오모이
무료	無料(むりょう) / ただ	무료-/타다
문구점	文房具店(ぶんぼうぐてん)	분보-구텡
물	お水(みず)	오미즈
물론	もちろん	모치롱
물수건	おしぼり	오시보리
뭡니까?	何(なん)ですか	난데스까
미국	アメリカ	아메리카
미안합니다	すみません	스미마셍
미용실	美容院(びよういん)	비요-잉
민박	民宿(みんしゅく)	민슈큐
밀다	押(お)す	오스

바쁘다	忙(いそが)しい	이소가시이
바지	ズボン	즈봉
박물관	博物館(はくぶつかん)	하꾸부츠캉
반, 30분	半(はん)	항
반입금지	持(も)ちこみ禁止(きんし)	모치고미킹시
반지	指輪(ゆびわ)	유비와
반창고	ばんそうこう	반소-코-
반품	返品(へんぴん)	헴삥
밝다	明(あか)るい	아까루이
방, 룸	部屋(へや)	헤야
방 하나	一部屋(ひとへや)	히또헤야
방금	たった今(いま)	탓따이마
방법	方法(ほうほう)	호-호-
방송	放送(ほうそう)	호-소-
방송국	放送局(ほうそうきょく)	호-소-쿄쿠
배	船(ふね)	후네
배	倍(ばい)	바이
배우	俳優(はいゆう)	하이유-
백(100)	百(ひゃく)	햐쿠

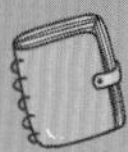

백만	百万(ひゃくまん)	햐꾸망
백반, 정식	定食(ていしょく)	테-쇼꾸
백화점	デパート	데파-또
버스	バス	바스
버스정류장	バス停(てい)	바스테-
번역	翻訳(ほんやく)	홍야꾸
번호	番号(ばんごう)	방고-
번화하다	にぎやかだ	니기야까다
벌써	もう	모-
변호사	弁護士(べんごし)	벵고시
병	瓶(びん)	빙
병따개(오프너)	栓抜き(せんぬき)	센누끼
병원	病院(びょういん)	뵤-잉
보낼 곳	宛(あ)て先(さき)	아떼사키
보석	宝石(ほうせき)	호-세끼
보통	普通(ふつう)	후츠-
보험	保険(ほけん)	호켕
봄	春(はる)	하루
봉투	封筒(ふうとう)	후-또-

부록

부군	ご主人(しゅじん)	고슈진
부부	夫婦(ふうふ)	후-후
부인	夫人(ふじん)	후진
부인복	婦人服(ふじんふく)	후진후쿠
부자	お金(かね)持(も)ち	오카네모치
부장(님)	部長(ぶちょう)	부쵸-
부탁합니다	おねがいします	오네가이시마스
북	北(きた)	기타
북한	北朝鮮(きたちょうせん)	키타쵸-센
분실물센터	忘(わす)れ物(もの)センター	와스레모노센타-
불교	仏教(ぶっきょう)	붓쿄-
불황	不況(ふきょう)	후쿄-
붕대	包帯(ほうたい)	호-따이
브랜드	ブランド	브란도
비	雨(あめ)	아메
비누	せっけん	셋켕
비디오	ビデオ	비데오
비디오테이프	ビデオテープ	비데오테-푸
비밀	秘密(ひみつ)	히미츠

비상구	非常口(ひじょうぐち)	히죠-구치
비서	秘書(ひしょ)	히쇼
비싸다	高(たか)い	다까이
비어 었음	空(あ)き	아끼
비용	費用(ひよう)	히요 -
비자	査証(さしょう)/ビザ	사쇼-/비자
비즈니스맨	ビジネスマン	비지네스만
비행기	飛行機(ひこうき)	히코-키
빌딩	ビル	비루(짧게 발음)
빗	くし	쿠시
빠르다	速(はや)い	하야이
빨갛다	赤(あか)い	아까이
빨리	はやく	하야꾸
빵	パン	팡
빵집	パン屋(や)	팡야
뼈	骨(ほね)	호네
사(4)	四(よん,し)	용/시
사과	りんご	링고
사람	人(ひと)	히또

사례	お礼(れい)	오레-
사모님	おくさん	옥상
사분의 일(1/4)	よんぶんのいち	욤분노이치
사십(40), 마흔	四十(よんじゅう)	욘쥬-
사업가	実業家(じつぎょうか)	지츠교-카
사용중	使用中(しようちゅう)	시요-츄-
사월(4월)	四月(しがつ)	시가츠
사일(4일)	四日(よっか)	욕까
사장(님)	社長(しゃちょう)	샤쵸-
사진	写真(しゃしん)	샤싱
산책	散歩(さんぽ)	삼뽀
살려줘	たすけて!	타스케떼
삼월(3월)	三月(さんがつ)	상가츠
삼일(3일)	三日(みっか)	믹까
삼(3)	三(さん)	상
삼분의 이(2/3)	さんぶんのに	삼분노니
삼분의 일(1/3)	さんぶんのいち	삼분노이치
삼십일(30일)	三十日(さんじゅうにち)	산쥬-니치
삼십(30), 서른	三十(さんじゅう)	산쥬-

삼십분(30분)	30分(さんじゅっぷん)	산줍뿡
상반기	上半期(かみはんき)	가미항키
상사원	商社(しょうしゃ)マン	쇼-샤만
상자	箱(はこ)	하코
새롭다	新(あたら)しい	아따라시이
새벽	明(あ)け方(がた)	아케가따
샌드위치	サンドイッチ	산도잇치
샐러리맨	サラリーマン	사라리-만
생년월일	生年月日(せいねんがっぴ)	세-넹갑삐
생맥주	生(なま)ビール	나마비-루
생선	魚(さかな)	사카나
생신	お誕生日(たんじょうび)	오탄죠-비
생일	誕生日(たんじょうび)	탄죠-비
샤워하다	シャワーを あびる	샤와-오 아비루
샴푸	シャンプー	샴푸-
서, 서쪽	西(にし)	니시
서비스	サービス	사-비스
서점	本屋(ほんや)	홍야
선물	贈(おく)り物(もの)	오쿠리모노

선물(특산품)	お土産(みやげ)	오미야게
선불	前払(まえばら)い	마에바라이
선생님	先生(せんせい)	센-세-
선수	選手(せんしゅ)	센슈
선실	船室(せんしつ)	센시츠
선편	船便(ふなびん)	후나빙
설탕	砂糖(さとう)	사토-
섬	島(しま)	시마
세 사람	三人(さんにん)	산닝
세 시(3시)	三時(さんじ)	산지
세관	税関(ぜいかん)	제-캉
세금	税金(ぜいきん)	제-킹
세금포함	税(ぜい)こみ	제-코미
세우다	止(と)める	토메루
세탁	洗濯(せんたく)	센따꾸
세탁물	洗濯物(せんたくもの)	센따꾸모노
셋	三(みっ)つ	밋츠
소개	紹介(しょうかい)	쇼-카이
소고기	牛肉(ぎゅうにく)	규-니꾸

소금	塩(しお)	시오
소독약	消毒薬(しょうどくやく)	쇼-도꾸야꾸
소중하다	大切(たいせつ)だ	다이세츠다
소포	小包(こづつみ)	코즈츠미
소형	小型(こがた)	코가따
손님	お客(きゃく)	오꺄꾸
손목시계	うでどけい	우데도케-
손톱깎기	爪切(つめき)り	츠메키리
쇼핑	買(か)い物(もの)	카이모노
수건	タオル	타오루
수술	手術(しゅじゅつ)	슈쥬츠
수영	水泳(すいえい)	스이에-
수요일	水曜日(すいようび)	스이요-비
수첩	手帳(てちょう)	테쵸-
수하물	手荷物(てにもつ)	테니모츠
숟가락	スプーン	스푼
술	お酒(さけ)	오사케
술집	飲(の)み屋(や)	노미야
쉽다	易(やさ)しい	야사시-

스카치테이프	セロテープ	세로테-푸
스타킹	ストッキング	스토낑구
스튜어디스	客室乗務員(きゃくしつじょうむいん)	캬꾸시쯔쵸-무잉
스프	スープ	스-푸
시간	時間(じかん)	지깡
시계	時計(とけい)	도케-
시골	田舎(いなか)	이나까
시끄럽다	うるさい	우루사이
시원하다	すずしい	스즈시이
시월(10월)	10月(じゅうがつ)	쥬-가츠
시장	マーケット	마-켓토
시장	市場(いちば)	이치바
시청	市役所(しやくしょ)	시야꾸쇼
	市庁(しちょう)	시쵸-
시합	試合(しあい)	시아이
식당	食堂(しょくどう)	쇼꾸도-
식사	食事(しょくじ)	쇼꾸지
식염수	食塩水(しょくえんすい)	쇼꾸엔스이
신문	新聞(しんぶん)	심붕

신사	紳士(しんし)	신시
신사복	紳士服(しんしふく)	신시후꾸
신입사원	新入社員(しんにゅうしゃいん)	신뉴-샤잉
신호등	信号(しんごう)	싱고-
실례	失礼(しつれい)	시츠레-
싫다	嫌(いや)だ	이야다
싫어하다	嫌(きら)いだ	키라이다
십(10)	十(じゅう)	쥬-
십구(19)	十九(じゅうきゅう)	쥬-큐-
십만	十万(じゅうまん)	쥬-망
십사(14)	十四(じゅうよん)	쥬-용
십사일(14일)	十四日(じゅうよっか)	쥬-욕까
십삼(13)	十三(じゅうさん)	쥬-상
십오(15)	十五(じゅうご)	쥬-고
십육(16)	十六(じゅうろく)	쥬-로꾸
십이(12)	十二(じゅうに)	쥬-니
십이월(12월)	12月(じゅうにがつ)	쥬-니가츠
십일(10일)	十日(とおか)	토-까
십일(11)	十一(じゅういち)	쥬-이치

십일월(11월)	11月(じゅういちがつ)	쥬-이치가츠
십일일(11일)	十一日(じゅういちにち)	쥬-이치니치
십칠(17)	十七(じゅうなな)	쥬-나나
십팔(18)	十八(じゅうはち)	쥬-하치
싱겁다, 연하다	うすい	우스이
싱글	シングル	싱그루
싸다	安(やす)い	야스이
싸움	けんか	켕카
썬글라스	サングラス	산그라스
쓰다(맛)	にがい	니가이
쓰레기	ごみ	고미
~씨	さん	상
아기	あかちゃん	아까짱
아까	さっき	삿키
아내	家内(かない)	가나이
아니오	いいえ	이-에
아들	むすこ	무스꼬
아래	下(した)	시따
아이스크림	アイスクリーム	아이스크리-무

아주 좋아합니다	大好(だいす)きです	다이스키데스
아직도	まだ	마다
아침	朝(あさ)	아사
아침식사	朝(あさ)ご飯(はん)	아사고항
아프다	痛(いた)い	이따이
아홉	九(ここの)つ	고코노츠
아홉 사람	九人(きゅうにん)	큐-닝
아홉 시(9시)	九時(くじ)	쿠지
악기점	楽器店(がっきてん)	각끼뗑
안개	霧(きり)	키리
안경	眼鏡(めがね)	메가네
안내소	案内所(あんないじょ)	안나이죠
안녕히 가세요	さようなら	사요-나라
안약	目薬(めぐすり)	메구스리
안전	安全(あんぜん)	안젠
안전벨트	シートベルト	시-또베루토
앉다	座(すわ)る	스와루
애인	恋人(こいびと)	코이비토
야구	野球(やきゅう)	야큐-

약	薬(くすり)	쿠스리
약국	薬局(やっきょく)	얏쿄쿠
약속	約束(やくそく)	야꾸소꾸
약하다	弱(よわ)い	요와이
약혼자	フィアンセ	휘앙세
	婚約者(こんやくしゃ)	콘야꾸샤
얇다	薄(うす)い	우스이
양말	靴下(くつした)	구츠시타
양복	背広(せびろ)	세비로
양산	ひがさ	히가사
어느것	どれ	도레
어느쪽	どちら	도치라
어둡다	暗(くら)い	쿠라이
어디든지	どこでも	도꼬데모
어디서	どこで	도꼬데
어디에	どこに	도꼬니
어렵다	難(むずか)しい	무즈까시이
어른,성인	大人(おとな)	오토나
어린이	子供(こども)	코도모

어제 저녁,어젯밤	ゆうべ	유-베
언제	いつ	이츠
언제나	いつも	이츠모
언제든지	いつでも	이츠데모
얼굴	顔(かお)	카오
얼마	いくら	이꾸라
얼마든지	いくらでも	이꾸라데모
얼마예요?	いくらですか	이꾸라데스까
없다	ない	나이
없습니다	ありません	아리마셍
에스컬레이터	エスカレーター	에스카레-타-
에어컨	クーラー	쿠-라-
엔지니어	エンジニア	엔지니아
엘리베이터	エレベーター	에레베-타-
여관	旅館(りょかん)	료캉
여권	パスポート	파스포-또
여기에	ここに	고꼬니
여덟	八(やっ)つ	얏츠
여덟 사람	八人(はちにん)	하치닝

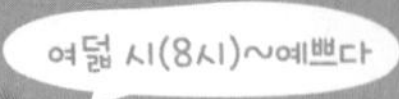

여덟 시(8시)	八時(はちじ)	하치지
여러 가지	いろいろ	이로이로
여름	夏(なつ)	나츠
여보세요	すみません	스미마셍
(사람을 부를 때)		
여보세요(전화)	もしもし	모시모시
여섯	六(むっ)つ	뭇츠
여섯 사람	六人(ろくにん)	로꾸닝
여섯 시(6시)	六時(ろくじ)	로꾸지
여성용	女性用(じょせいよう)	죠세-요-
여자	女(おんな)の人(ひと)	온나노히토
여직원	女子社員(じょししゃいん)	죠시샤잉
여행	旅行(りょこう)	료코-
여행가방	旅行(りょこう)かばん	료코-가방
여행사	旅行代理店(りょこうだいりてん)	료코-다이리텡
역	駅(えき)	에끼
역사	歴史(れきし)	레키시
연극	芝居(しばい)	시바이
연예인	芸能人(げいのうじん)	게-노-징

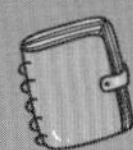

연중무휴	年中無休(ねんじゅうむきゅう)	넨쥬-무큐-
열	十(とお)	토오
열 사람	十人(じゅうにん)	쥬-닝
열 시(10시)	十時(じゅうじ)	쥬-지
열다	開(あ)ける	아케루
열두 시(12시)	十二時(じゅうにじ)	쥬-니지
열쇠	かぎ	카기
열쇠고리	キーホルダー	키-호루다-
열한 시(11시)	十一時(じゅういちじ)	쥬-이치지
염색	そめもの	소메모노
영	れい/ゼロ	레-/제로
영수증	レシート	레시-또
영어	英語(えいご)	에-고
영업	営業(えいぎょう)	에-교-
영업사원	セールスマン	세-루스만
영화	映画(えいが)	에-가
옆	横(よこ)	요코
예(대답)	はい	하이
예쁘다	きれいだ	키레-다

예산	予算(よさん)	요산
예약	予約(よやく)	요야꾸
예약석	予約席(よやくせき)	요야꾸세키
오(5)	五(ご)	고
오늘 밤	今夜(こんや)	콘야
오다	来(くる)	쿠루
오락실	ゲーセン	게-센
	ゲームセンター	게-무센타-
오래되다	古(ふる)い	후루이
오른쪽	右(みぎ)	미기
오십(50), 쉰	五十(ごじゅう)	고쥬-
오월(5월)	五月(ごがつ)	고가츠
오일(5일)	五日(いつか)	이쯔까
오전	午前(ごぜん)	고젠
오후	午後(ごご)	고고
온천	温泉(おんせん)	온센
옮기다	運(はこ)ぶ	하코부
와인	ワイン	와인
왕복	往復(おうふく)	오-후꾸

왜	なぜ/どうして	나제/도-시떼
외출하다	外出(がいしゅつ)する	가이슈츠스루
왼쪽	左(ひだり)	히다리
요금	料金(りょうきん)	료-킹
요즘	このごろ	고노고로
우동	うどん	우동
우산	かさ	카사
우유	牛乳(ぎゅうにゅう)/ミルク	규-뉴-/미루꾸
우체국	郵便局(ゆうびんきょく)	유-빙쿄꾸
우체통	ポスト	포스또
우표	切手(きって)	킷떼
운전	運転(うんてん)	운텡
운전수	運転手(うんてんしゅ)	운텡슈
웃다	笑(わら)う	와라우
월경	月経(げっけい)	겟케이
	生理(せいり)	세-리
월드컵	ワールドカップ	와-루도캅뿌
월요일	月曜日(げつようび)	게츠요-비
위	上(うえ)	우에

미니 한일 사전

위장약	胃腸薬(いちょうやく)	이쵸-야꾸
위험	危険(きけん)	키켕
위험하다	危(あぶ)ない	아부나이
유명한	有名(ゆうめい)な	유-메-나
유월(6월)	6月(ろくがつ)	로꾸가츠
유행	流行(りゅうこう)	류-코-
육(6)	六(ろく)	로꾸
육십(60), 예순	六十(ろくじゅう)	로꾸쥬-
육일(6일)	六日(むいか)	무이까
은/는(조사)	は	와
은행	銀行(ぎんこう)	깅코-
은행원	銀行員(ぎんこういん)	깅코-잉
을(조사)	を	오
음료수	飲(の)み物(もの)	노미모노
의사	医者(いしゃ)	이샤
이(2)	二(に)	니
이/가(조사)	が	가
이것	これ	고레
이겼다	勝(か)った	캇따

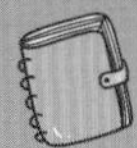

이르다	早(はや)い	하야이
이름(성함)	お名前(なまえ)	오나마에
이발	散髪(さんぱつ)	산빠츠
이발소	床屋(とこや)	토꼬야
이번 주	今週(こんしゅう)	콘슈-
이번 달	今月(こんげつ)	콘게츠
이분의 일(1/2)	にぶんのいち	니분노이치
이불	布団(ふとん)	후통
이십(20)	二十(にじゅう)	니쥬-
이십사시간(24시간)	24時間(にじゅうよじかん)	니쥬-요지캉
~이 아닙니다	~では ありません	데와 아리마셍
이십사일(24일)	二十四日(にじゅうよっか)	니쥬-욕까
이십일(20일)	二十日(はつか)	하츠까
이용할 수 있다	利用(りよう)できる	리요-데키루
이월(2월)	二月(にがつ)	니가츠
이일(2일)	二日(ふつか)	후츠까
이쪽	こちら	고치라
인기	人気(にんき)	닝키
인사	あいさつ	아이사츠

인삼	高麗人参(こうらいにんじん)	코-라이닌진
인스턴트	インスタント	인스탄토
인터넷	インターネット	인타-넷또
인터뷰	インタビュー	인타뷰-
인형	人形(にんぎょう)	닝교-
일	一(いち)	이치
일곱	七(なな)つ	나나츠
일곱 사람	七人(ななにん)	나나닝
일곱 시(7시)	七時(しちじ/ななじ)	시치지/나나지
일기예보	天気予報(てんきよほう)	텡끼요호-
일몰	日没(にちぼつ)	니치보츠
일본	日本(にほん)	니홍
일본어	日本語(にほんご)	니홍고
일본엔	日本円(にほんえん)	니홍엔
일본요리	日本料理(にほんりょうり)	니홍료-리
일억(1억)	1億(いちおく)	이치오꾸
일요일	日曜日(にちようび)	니치요-비
일월(1월)	1月(いちがつ)	이치가츠
일일(1일)	一日(ついたち)	츠이타치

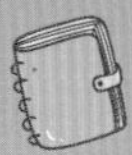

일출	日(ひ)の出(で)	히노데
일회용	使(つか)い捨(す)て	츠까이스떼
임신	妊娠(にんしん)	닌신
입구	入口(いりぐち)	이리구치
입국관리	入国管理(にゅうこくかんり)	뉴-꼬꾸캉리
~입니까?	~ですか	데스까
~입니다	~です	데스
입맞춤	くちづけ	구치즈케
있습니다	あります	아리마스
자그마한	小(ちい)さな	치-사나
자동응답기	留守番電話(るすばんでんわ)	루스방뎅와
자동판매기	自動販売機(じどうはんばいき)	지도-함바이키
자매	姉妹(しまい)	시마이
자전거	自転車(じてんしゃ)	지텐샤
자주	よく	요꾸
작가	作家(さっか)	삭까
작다	小(ちい)さい	치-사이
작성	作成(さくせい)	사꾸세-
잘	よく	요쿠

잘하다	上手(じょうず)だ	죠-즈다
잠깐만 기다리세요	ちょっとまってください	촛또맛떼구다사이
잡지	雑誌(ざっし)	잣시
잡화점	雑貨店(ざっかてん)	잣까텡
장갑	てぶくろ	테부꾸로
장난감	おもちゃ	오모챠
재미있다	おもしろい	오모시로이
재일교포	在日韓国人(ざいにちかんこくじん)	자이니치캉코쿠진
재판소	裁判所(さいばんしょ)	사이반쇼
저것	あれ	아레
저기에	あそこに	아소꼬니
저녁	夜(よる)	요루
저녁(석식)	夕食(ゆうしょく)	유-쇼꾸
저녁무렵	夕方(ゆうがた)	유-가타
저쪽	あちら	아치라
적당하다(가격)	手頃(てごろ)だ	테고로다
적당히	適当(てきとう)に	테키토-니
적자	赤字(あかじ)	아까지
전기밥솥	電気(でんき)がま	뎅키가마

전람회	展覧会(てんらんかい)	텡랑카이
전부해서	全部(ぜんぶ)で	젠부데
전철	電車(でんしゃ)	덴샤
전통	伝統(でんとう)	덴토－
전통공예품	民芸品(みんげいひん)	밍게－힝
전화	電話(でんわ)	뎅와
전화번호	電話番号(でんわばんごう)	뎅와방고－
절반의	半分(はんぶん)の	한분노
젊다	若(わか)い	와까이
점	占(うらな)い	우라나이
점심	昼(ひる)	히루
점심(중식)	ランチ	란치
접수	受付(うけつけ)	우케츠케
접시	お皿(さら)	오사라
젓가락	お箸(はし)	오하시
정말입니다	ほんとうです	혼또－데스
정숙(조용히)	静(しず)かに	시즈까니
정오	正午(しょうご)	쇼－고
정장	スーツ	스－츠

부록

정차하다	止(と)まる	토마루
정하다(결정하다)	決(き)める	키메루
졌다	負(ま)けた	마케따
조미료	調味料(ちょうみりょう)	쵸-미료-
조심해서 가세요	お気(き)をつけて	오키오츠께떼
좁다	狭(せま)い	세마이
종교	宗教(しゅうきょう)	슈-쿄-
종이	紙(かみ)	카미
좋다	いい/よい	이-/요이
좋아해요	好(す)きです	스끼데스
주말	週末(しゅうまつ)	슈-마츠
주문	注文(ちゅうもん)	츄-몽
주부	主婦(しゅふ)	슈후
주세요	ください	구다사이
주소	住所(じゅうしょ)	쥬-쇼
주스	ジュース	주-스
주유소	ガソリンスタンド	가소린스탄도
주의사항	注意書(ちゅういが)き	츄-이가키
준비중	準備中(じゅんびちゅう)	쥰비츄-

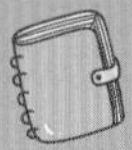

중간쯤	中(なか)ごろ	나까고로
중국	中国(ちゅうごく)	츄-고꾸
중국어	中国語(ちゅうごくご)	츄-고꾸고
중순	中旬(ちゅうじゅん)	츄-쥰
중앙	中央(ちゅうおう)	츄-오-
중학생	中学生(ちゅうがくせい)	츄-각세-
중화요리	中華(ちゅうか)料理(りょうり)	츄-까료-리
즐겁다	楽(たの)しい	타노시이
지갑	財布(さいふ)	사이후
지금	今(いま)	이마
지난 주	先週(せんしゅう)	센슈-
지난 달	先月(せんげつ)	센게츠
지도	地図(ちず)	치즈
지불	支払(しはら)い	시하라이
지인, 아는 사람	知(し)り合(あ)い	시리아이
지정석	指定席(していせき)	시테-세끼
지지난 주	先々週(せんせんしゅう)	센센슈-
지하철	地下鉄(ちかてつ)	치카테츠
직업	職業(しょくぎょう)	쇼꾸교-

직장인	会社員(かいしゃいん)	카이샤잉
진통제	鎮痛剤(ちんつうざい)	진츠-자이
짐	荷物(にもつ)	니모츠
짜다	しおからい	시오카라이
짧다	短(みじ)かい	미지까이
차	車(くるま)	쿠루마
차갑다	冷(つめ)たい	츠메따이
찾다	さがす	사가스
책	本(ほん)	홍
책임	責任(せきにん)	세키닝
천	千(せん)	센
천둥	かみなり	카미나리
천만	千万(せんまん)	셈만
천천히	ゆっくり	육꾸리
철자	つづり	츠즈리
첫차	始発(しはつ)	시하츠
청구서	請求書(せいきゅうしょ)	세-큐-쇼
초	秒(びょう)	뵤-
초등학생	小学生(しょうがくせい)	쇼-각세-

초순,상순	上旬(じょうじゅん)	죠-쥰
촬영금지	撮影禁止(さつえいきんし)	사츠에-킹시
최근, 최근에	最近(さいきん)	사이킹
최신곡	最新曲(さいしんきょく)	사이신쿄쿠
추가요금	追加料金(ついかりょうきん)	츠이카료-킹
축구	サッカー	삭카-
축제	お祭(まつ)り	오마츠리
출구	出口(でぐち)	데구치
출발	出発(しゅっぱつ)	슛빠츠
출입	出入(でいり)	데이리
출입구	出入口(でいりぐち)	데이리구치
출장	出張(しゅっちょう)	슛쵸-
출판사	出版社(しゅっぱんしゃ)	슛판샤
춥다	寒(さむ)い	사무이
충전(교통카드)	チャージ	차-지
충전(휴대폰)	充電(じゅうでん)	쥬-뎅
취미	趣味(しゅみ)	슈미
취소하다	取(と)り消(け)す	토리케스
취재	取材(しゅざい)	슈자이

치과의사	歯科医(しかい)	시까이
치약	はみがき	하미가키
친구	友達(ともだち)	토모다치
칠(7)	七(しち · なな)	시치 · 나나
칠십(70), 일흔	七十(ななじゅう)	나나쥬-
칠월(7월)	七月(しちがつ · なながつ)	시치가츠 · 나나가츠
칠일(7일)	七日(なのか)	나노까
칫솔	はブラシ	하부라시
칵테일	カクテル	카꾸테루
캔맥주	カンビール	칸비-루
커다란	大(おお)きな	오-키나
커피	コーヒー	코-히-
커피숍	喫茶店(きっさてん)	킷사텡
콘서트	コンサート	콘사-토
콘택트렌즈	コンタクトレンズ	콘타꾸토렌즈
콜라	コーラ	코-라
크다	大(おお)きい	오-키이
큰 소리로	大(おお)きな声(こえ)で	오-키나코에데
큰일이다	大変(たいへん)だ	다이헨다

타는 곳	乗(の)り場(ば)	노리바
타다	乗(の)る	노루
탈지면	脱脂綿(だっしめん)	닷시멘
태풍	台風(たいふう)	타이후-
택배	宅配(たくはい)	타꾸하이
택시	タクシー	탁시-
택시승강장	タクシー乗(の)り場(ば)	탁시-노리바
탤런트	タレント	타렌토
테니스	テニス	테니스
테이프	テープ	테-푸
텔레비전	テレビ	테레비
토요일	土曜日(どようび)	도요-비
통과	通過(つうか)	츠-카
통금시간	門限(もんげん)	몽겐
통역	通訳(つうやく)	츠-야꾸
트렁크	トランク	토랑쿠
트윈	ツイン	츠인
티슈	ティッシュ	팃슈
팁	チップ	칩뿌

파랗다	青(あお)い	아오이
판매	販売(はんばい)	함바이
팔(8)	八(はち)	하치
팔십(80)	八十(はちじゅう)	하치쥬-
팔월(8월)	八月(はちがつ)	하치가츠
팔일(8일)	八日(ようか)	요-까
팩스	ファックス	확꾸스
퍼머	パーマ	파-마
편도	片道(かたみち)	가타미치
편의점	コンビニ	콘비니
편지지	びんせん	빈센
평사원	平社員(ひらしゃいん)	히라샤잉
평일	平日(へいじつ)	헤-지츠
포도	ぶどう	부도-
표	切符(きっぷ)	깁뿌
풀	のり	노리
품절	売(う)り切(き)れ	우리키레
프랑스요리	フランス料理(りょうり)	후란스료-리
프로그램	ばんぐみ	방구미

프론트	フロント	후론토
피	血(ち)	치
하나	一つ(ひとつ)	히토츠
하루	一日(いちにち)	이치니치
하반기	下半期(しもはんき)	시모항키
하순	下旬(げじゅん)	게쥰
하얗다	白(しろ)い	시로이
학교	学校(がっこう)	각꼬-
학생	学生(がくせい)	각세-
한 병 더	もう一本(いっぽん)	모-입뽕
한 병	一本(いっぽん)	입뽕
한 사람	一人(ひとり)	히또리
한 시간	一時間(いちじかん)	이치지캉
한 장	一枚(いちまい)	이치마이
한국	韓国(かんこく)	캉꼬꾸
한국대사관	韓国大使館(かんこくたいしかん)	캉꼬꾸타이시캉
한국어	韓国語(かんこくご)	캉꼬꾸고
한국요리	韓国料理(かんこくりょうり)	캉꼬꾸료-리
한밤중	真夜中(まよなか)	마요나까

한 시(1시)	一時(いちじ)	이치지
할인	わりびき(デースカウント)	와리비키(디스카운토)
합승	相(あ)い乗(の)り	아이노리
항공편	航空便(こうくうびん)	코-쿠-빈
항상	いつも	이츠모
해변	浜辺(はまべ)/海辺(うみべ)	하마베/우미베
행선지	行(い)き先(さき)	이키사키
향수	香水(こうすい)	코-스이
현관	玄関(げんかん)	겡캉
현금으로	現金(げんきん)で	겡킹데
혈액형	血液型(けつえきがた)	케츠에키가따
형제	兄弟(きょうだい)	쿄-다이
~호실	~号室(ごうしつ)	고-시츠
호텔	ホテル	호테루
혼자서	ひとりで	히또리데
홍차	紅茶(こうちゃ)	코-챠
화요일	火曜日(かようび)	카요-비
화장실	トイレ	토이레
화장품	化粧品(けしょうひん)	케쇼-힝

화제	話題(わだい)	와다이
환불	払(はら)いもどし	하라이모도시
환전	両替(りょうがえ)	료-가에
활어	いきづくり	이키즈꾸리
	いけづくり	이케즈꾸리
회	おさしみ	오사시미
회사원	会社員(かいしゃいん)	카이샤잉
회의장	会議場(かいぎじょう)	카이기죠-
횡단보도	横断歩道(おうだんほどう)	오-단호도-
후불	後払(あとばら)い	아또바라이
후추가루	こしょう	코쇼-
훌륭하다	りっぱだ	립빠다
훨씬	ずっと	즛또
휴가	休(やす)み	야스미
휴일	休日(きゅうじつ)	큐-지쯔
휴지통	ごみ箱(ばこ)	고미바꼬
흡연	喫煙(きつえん)	키츠엥
흡연석	喫煙席(きつえんせき)	키츠엥세키
힘	力(ちから)	치까라

가이드	ガイド	가이도
가이드라인	ガイドライン	가이도라인
가이드북	ガイドブック	가이도부꾸
갱	ギャング	걍그
게스트,손님	ゲスト	게스토
게임	ゲーム	게-무
고무	ゴム	고무
그래프	グラフ	그라프
그랜드	グランド	그란도
그램	グラム	그라무
그레이, 회색	グレー	그레-
그룹	グループ	그루-푸
글로벌	グローバル	그로-바루
기타	ギター	기타-
껌	ガム	가무
나이프	ナイフ	나이후
나일론	ナイロン	나이론
냅킨	ナプキン	나푸킨
넌센스	ナンセンス	난센스

넘버	ナンバー	남바-
네가(네가티브)	ネガ(ネガティブ)	네가(네가티브)
넥타이	ネクタイ	네쿠따이
노	ノー	노-
노이로제	ノイローゼ	노이로-제
노트	ノート	노-토
뉘앙스	ニュアンス	뉴앙스
뉴	ニュー	뉴-
뉴스	ニュース	뉴-스
다리미	アイロン	아이롱
다운	ダウン	다운
다이아몬드	ダイヤ/ダイヤモンド	다이야/다이야몬도
다이얼	ダイヤル	다이야루
댄스	ダンス	단스
댐	ダム	다무
더블	ダブル	다부루
덤프카	ダンプ	담푸
데모	デモ	데모
데모(전시)	デモンストレーション	데몬스토레-숀

부록

데생	デッサン	뎃상
데이터	データ	데-타
데이트	デート	데-토
데코레이션	デコレーション	데코레-숀
드라마	ドラマ	도라마
드라이	ドライ	도라이
드라이버	ドライバー	도라이바-
드라이브	ドライブ	도라이브
드라이크리닝	ドライクリーニング	도라이크리-닝구
드레스	ドレス	도레스
드릴	ドリル	도리루
디자인	デザイン	데자인
디저트	デザート	데자-토
디지털	デジタル	데지타루
딜리버리(배송, 배달)	デリバリー	데리바리-
땡땡이치다	サボる	사보루
라디오	ラジオ	라지오
라벨	ラベル	라베루
라이스	ライス	라이스

라이터	ライター	라이타-
램프	ランプ	람푸
러시아워	ラッシュアワー	랏슈아와-
런닝	ランニング	란닝구
런치	ランチ	란치
레귤러	レギュラー	레규라-
레디(ready)	レディー	레디-
레버	レバー	레바-
레벨	レベル	레베루
레스토랑	レストラン	레스토랑
레이스	レース	레-스
레인코트	レインコート	레인코-토
레저	レジャー	레쟈-
레코드	レコード	레코-도
레크레이션	レクレーション	레크레-숀
렌즈	レンズ	렌즈
렌지	レンジ	렌지
렌트카	レンタカー	렌타카-
렛슨	レッスン	렛슨

로마자	ローマじ	로-마지
로맨틱	ロマンチック	로만칙꾸
로비	ロビー	로비-
로커(사물함)	ロッカー	록카-
로켓트	ロケット	로켓또
로프, 줄	ロープ	로-푸
로프웨이(케이블카)	ロープウェイ	로-푸웨이
루즈(헐렁한)	ルーズ	루-즈
룰(rule)	ルール	루-루
리더쉽	リーダーシップ	리-다-십뿌
리드	リード	리-도
리듬	リズム	리즈무
리본	リボン	리본
리터	リットル	릿토루
리포트	レポート	레포-또
마라톤	マラソン	마라손
마마(mama)	ママ	마마
마사지	マッサージ	맛사-지
마스크	マスク	마스쿠

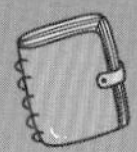

마스터	マスター	마스타-
마이너스	マイナス	마이나스
마이크	マイク	마이쿠
마이크로폰	マイクロホン	마이쿠로혼
마케팅	マーケティング	마-케팅구
마켓	マーケット	마-켓또
마크	マーク	마-쿠
매스컴	マスコミ	마스코미
매치	マッチ	맛치
맥주	ビール	비-루
맨션	マンション	만숀
머플러	マフラー	마후라-
멀티미디어	マルチメディア	마루치메디아
메뉴	メニュー	메뉴-
메시지	メッセージ	멧세-지
메카	メーカー	메-카-
멜로디	メロディー	메로디-
멤버	メンバー	멤바-
모니터	モニター	모니타-

모던	モダン	모단
모델	モデル	모데루
모터	モーター	모-타-
목걸이	ネックレス	넥꾸레스
무드	ムード	무-도
뮤직	ミュージック	뮤-직꾸
미국	アメリカ	아메리카
미디어	メディア	메디아
미스(Miss)	ミス	미스
미스(miss), 실수	ミス	미스
미스프린트	ミスプリント	미스프린토
미시즈	ミセス	미세스
미싱	ミシン	미싱
미터	メートル	메-토루
밀리미터	ミリ(メートル)	미리(메-토루)
밀크	ミルク	미루쿠
바(bar)	バー	바-
바스(욕실)	バス	바스
바이바이	バイバイ	바이바이

바이올린	バイオリン	바이오린
바지	ズボン	즈봉
백(가방)	バッグ	박구
백(배경)	バック	박꾸
백화점	デパート	데파-토
밴드	バンド	반도
밸런스	バランス	바란스
뱃지	バッジ	밧지
버스	バス	바스
버터	バター	바타-
버튼	ボタン	보탄
베터리	バッテリー	밧테리-
보너스	ボーナス	보-나스
보이	ボーイ	보-이
보이콧	ボイコット	보이콧또
보트	ボート	보-토
볼	ボール	보-루
볼트	ボルト	보루또
볼펜	ボールペン	보-루펜

부저(경적)	ブザー	부자-
부츠	ブーツ	부-츠
붐	ブーム	부-무
브러쉬	ブラシ	부라시
브레이크	ブレーキ	브레-키
브로우치	ブローチ	브로-치
블라우스	ブラウス	부라우스
비닐	ビニール	비니-루
비디오	ビデオ	비데오
비즈니스	ビジネス	비지네스
비타민	ビタミン	비타민
빌딩	ビル	비루
빌딩	ビルディング	비루딩구
빵	パン	팡
사이렌	サイレン	사이렌
사이즈	サイズ	사이즈
사이클	サイクル	사이쿠루
사인	サイン	사인
삭스(짧은 양말)	ソックス	속쿠스

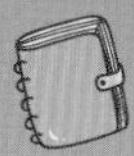

산타크로스	サンタクロース	산타크로-스
샌달	サンダル	산다루
샌드위치	サンドイッチ	산도잇치
샐러드	サラダ	사라다
샐러리맨	サラリーマン	사라리-만
샘플	サンプル	삼푸루
샤넬	シャネル	샤네루
샤워	シャワー	샤와-
서비스	サービス	사-비스
서클	サークル	사-쿠루
세미나	ゼミ	제미
세일	セール	세-루
세트	セット	셋토
센터	センター	센타-
센티/센티미터	センチ / センチメートル	센치/센치메-토루
셔츠	シャツ	샤츠
셔터	シャッター	샷타-
소스	ソース	소-스
소파	ソファー	소화-

부록

소프트	ソフト	소후토
손수건	ハンカチ	한카치
솔로	ソロ	소로
쇼	ショー	쇼-
쇼크	ショック	쇽꾸
숍(가게)	ショップ	숍푸
슈퍼마켓	スーパー(マーケット)	스-파-(마-켓또)
슈트케이스	スーツケース	스-츠케-스
스마트	スマート	스마-토
스웨터	セーター	세-타-
스카프	スカーフ	스카-후
스커트	スカート	스카-토
스케이트	スケート	스케-토
스케줄	スケジュール	스케주-루
스쿨	スクール	스쿠-루
스키	スキー	스키-
스타	スター	스타-
스타일	スタイル	스타이루
스타킹	ストッキング	스톳킹구

스타트	スタート	스타-토
스탠드	スタンド	스탄도
스테레오	ステレオ	스테레오
스테이지	ステージ	스테-지
스태프	スタッフ	스탓후
스튜디오	スタジオ	스타지오
스튜어디스	スチュワーデス	스츄와-데스
스트레스	ストレス	스토레스
스트로(빨대)	ストロー	스토로-
스팀	スチーム	스치-무
스페이스	スペース	스페-스
스포츠	スポーツ	스포-츠
스포츠카	スポーツカー	스포-츠카-
스프	スープ	스-프
스프링	スプリング	스프링구
스푼	スプーン	스푼
스피드	スピード	스피-도
스피치	スピーチ	스피-치
스피커	スピーカー	스피-카-

슬랙스, 바지	スラックス	스락스
시나리오	シナリオ	시나리오
시리즈	シリーズ	시리-즈
시멘트	セメント	세멘토
시스템	システム	시스테무
시즌	シーズン	시-즌
쌩큐	サンキュー	상큐-
아나운서	アナウンサー	아나운사-
아르바이트	アルバイト	아루바이또
아마추어	アマチュア	아마츄아
아시아	アジア	아지아
아웃(out)	アウト	아우또
아이디어	アイデア / アイディア	아이데아/아이디아
아이스크림	アイスクリーム	아이스크리-무
아파트	アパート	아파-또
아프리카	アフリカ	아후리카
안테나	アンテナ	안테나
알카리	アルカリ	아루카리
알코올	アルコール	아루코-루

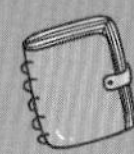

앙케이트	アンケート	앙케-또
앙콜	アンコール	앙코-루
애니메이션	アニメーション	아니메-숀
액서서리	アクセサリー	아쿠세사리-
액센트	アクセント	아쿠센토
앨범	アルバム	아루바무
어프로치	アプローチ	아프로-치
업(up)	アップ	압뿌
에너지	エネルギー	에네루기-
에스컬레이터	エスカレーター	에스카레-타-
에어메일	エアメール	에아메-루
엔지니어	エンジニア	엔지니아
엔진	エンジン	엔진
영(young)	ヤング	양구
예스(yes)	イエス	이에스
오렌지	オレンジ	오렌지
오르간	オルガン	오르간
오리엔테이션	オリエンテーション	오리엔테-숀
오버/오버코트	オーバー	오-바-

오버하다	オーバーする	오-바-스루
오일(oil)	オイル	오이루
오케스트라	オーケストラ	오-케스토라
오케이(OK)	オーケー / オッケー	오-케-/옥께-
오토(매틱)	オートマチック	오-토마칙꾸
오토바이	オートバイ	오-토바이
오픈	オープン	오-픈
오피스	オフィス	오휘스
온라인	オンライン	온라인
와이셔츠	ワイシャツ	와이샤츠
와인	ワイン	와인
와트(W)	ワット	왓또
요트	ヨット	욧토
원피스	ワンピース	완피-스
웨이트리스	ウエートレス	웨-토레스
유니크	ユニーク	유니-꾸
유럽	ヨーロッパ	요-롭빠
유리	ガラス	가라스
유리잔	グラス	그라스

유머	ユーモア	유-모아
이미지	イメージ	이메-지
이콜(=)	イコール	이코-루
인터내셔널	インターナショナル	인타-나쇼나루
인터넷	インターネット	인타-넷또
인터체인지	インターチェンジ	인타-첸지
인터폰	インターホン	인타-혼
인테리어	インテリア	인테리아
인포메이션	インフォーメーション	인포메-숀
인플레이션의 준말	インフレ	인후레
자원봉사자	ボランティア	보란티아
재즈	ジャズ	쟈즈
재활용	リサイクル	리사이쿠루
잼	ジャム	쟈무
저널리스트	ジャーナリスト	쟈-나리스토
점퍼	ジャンパー	잠파-
점프	ジャンプ	잠푸
제로	ゼロ	제로
주스	ジュース	주-스

중복되다	ダブる	다부루
진(청)	ジーンズ	진-즈
채널	チャンネル	챤네루
청바지	ジーパン	지-판
체인지	チェンジ	첸지
초크(분필)	チョーク	쵸-쿠
치즈	チーズ	치-즈
칩, 치프	チップ	칩뿌
카(car)	カー	카-
카드	カード	카-도
카레	カレー	카레-
카메라	カメラ	카메라
카메라맨	カメラマン	카메라만
카테고리	カテゴリー	카테고리-
카텐	カーテン	카-텐
카펫	カーペット	카-펫토
카피, 복사	コピー	코피-
칵테일	カクテル	카쿠테루
칼로리	カロリー	카로리-

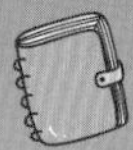

캐리어	キャリア	캬리아
캘린더	カレンダー	카렌다-
캠퍼스	キャンパス	캼파스
캠프	キャンプ	캼프
캡틴	キャプテン	캬푸텐
캣취(catch)	キャッチ	캿치
커머셜, 광고	コマーシャル	코마-샤루
커뮤니케이션	コミュニケーション	커뮤니케-숀
커버	カバー	카바-
커브	カーブ	카-브
커피	コーヒー	코-히-
컨닝	カンニング	칸닝구
컴백	カムバック	카무박꾸
컴퓨터	コンピューター	콤퓨-타-
컵(손잡이有)	カップ	캅뿌
컵(손잡이無)	コップ	콥뿌
컷트	カット	캇또
케이스	ケース	케-스
케이크	ケーキ	케-키

부록

코너	コーナー	코-나-
코드	コード	코-도
코러스	コーラス	코-라스
코멘트	コメント	코멘토
코스	コース	코-스
코스트(원가, 가격)	コスト	코스토
코치	コーチ	코-치
코트	コート	코-토
콕	コック	콕꾸
콘서트	コンサート	콘사-토
콘센트	コンセント	콘센토
콘택트렌즈	コンタクト(レンズ)	콘타쿠또(렌즈)
콘트롤	コントロール	콘토로-루
콜라	コーラ	코-라
콜렉션	コレクション	코렉숀
콩쿨	コンクール	콩쿠-루
콩크리트	コンクリート	콩쿠리-토
퀴즈	クイズ	쿠이즈
크리스마스	クリスマス	크리스마스

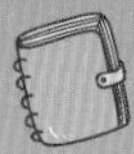

크림	クリーム	크리-무
클래스	クラス	크라스
클래식	クラシック	클라식꾸
클럽	クラブ	크라브
클리닝	クリーニング	크리닝구
킬로그램, 킬로미터	キロ(グラム・メートル)	키로(구라무 · 메-토루)
타올	タオル	타오루
타워	タワー	타와-
타이머	タイマー	타이마-
타이밍	タイミング	타이밍구
타이어	タイヤ	타이야
타이틀	タイトル	타이토루
타일	タイル	타이루
타임	タイム	타이무
타입	タイプ	타이푸
택시	タクシー	탁시-
탤런트	タレント	타렌토
터널	トンネル	톤네루
테니스	テニス	테니스

테니스코트	テニスコート	테니스코-토
테마	テーマ	테-마
테스트	テスト	테스토
테이블	テーブル	테-부루
테이프	テープ	테-푸
텍스트	テキスト	테키스토
텐트	テント	텐토
텔레비전	テレビ	테레비
텔렉스	テレックス	테렉스
템포	テンポ	템포
톤(무게)	トン	톤
톤(음색,느낌)	トーン	토-온
톱	トップ	톱뿌
트랜지스터	トランジスター	토란지스타-
트러블	トラブル	토라부루
트럼프	トランプ	토람푸
트레이닝	トレーニング	토레-닝구
트렌드	トレンド	토렌도
티슈	ティッシュ	팃슈

팀	チーム	치-무
파이프	パイプ	파이푸
파일롯트	パイロット	파이롯또
파자마, 잠옷	パジャマ	파쟈마
파칭코	パチンコ	파찡코
파트	パート	파-토
파트너	パートナー	파-토나-
파티	パーティー	파-티-
파파(papa)	パパ	파파
패스	パス	파스
패턴	パターン	파탄
패트롤카(경찰차)	パトカー	파토카-
팬츠 (남성용팬티or바지)	パンツ	판츠
퍼센트	パーセント	파-센토
펌프	ポンプ	폼푸
펑크	パンク	팡쿠
포스트	ポスト	포스토
포인트	ポイント	포인또
포지션	ポジション	포지숀

부록

포켓	ポケット	포켓또
폼	フォーム	호-무
풀장	プール	푸-루
프라이드	プライド	프라이도
프로	プロ	프로
프로그램	プログラム	프로그라무
프론트	フロント	후론토
프리	フリー	후리-
프린트	プリント	프린토
플라스틱	プラスチック	프라스칙꾸
플랜	プラン	프란
플랫폼	プラットホーム	프랏또호-무
플러스	プラス	프라스
피크닉	ピクニック	피쿠닉쿠
피스톨	ピストル	피스토루
피아노	ピアノ	피아노
피자	ピザ	피자
피지컬	フィジカル	피지카루
핀	ピン	핀

필름	フィルム	휘루무
필터	フィルター	휘루타-
핑크	ピンク	핑쿠
하이킹, 등산	ハイキング	하이킹구
핸드백	ハンドバッグ	한도박구
핸들	ハンドル	한도루
핸섬	ハンサム	한사무
행거	ハンガー	항가-
호스	ホース	호-스
호스피스	ホスピス	호스피스
호텔	ホテル	호테루
홀	ホール	호-루
홈	ホーム	호-무
화이팅	ファイト	화이토
화일	ファイル	화이루
화장실	トイレ	토이레
후라이팬	フライパン	후라이판
히스테리	ヒステリー	히스테리
힌트	ヒント	힌토

memo

memo

memo